시민권

첫단추 시리즈
049

시민권

리처드 벨러미 지음
황소희 옮김

교유서가

차례

머리말

시민권(citizenship)[1]에 대한 훌륭한 개론서가 많지만, 내가 보기에는 대부분의 설명이 아래에서 설명할 세 가지 중 하나 혹은 그 이상의 한계를 갖고 있다. 첫째, 일반 대중이 다가가기 어려울 정도로 지나치게 많은 전문용어를 구사하는 학자나, 시민권이라는 주제에 대한 최근 연구들을 고려하지 않았거나 아예 알지 못하는 비전문가들이 집필했다. 둘째, 시민권의 정치적 차원에 주목하는 대신에 시민권이 가진 사회적, 도덕적 혹은 법적 측면에만 집중한다. 셋째, 시민권이라는 개념이 고대 그리스의 시민권부터 세계주의적 시민권이라는 현대의 개념에 이르기까지 큰 변동 없이 발전해왔다는 식으로 시민권의 역사를 다소 단선적으로 묘사함으로써, 먼 과거에 만들어진 아이디어와 가정을 오늘날의 상황과 맥락에 적용했을 때 발생하는 많은 문제를 도외시한다. 이 책에서 나는 이러한 결함들을 바로잡기 위해 노력했다. 나의 첫번째 목적은 시민권을 둘러싼 최근의 학술적 논의들 중 일부를 이해하기 쉬운 방식으로 제시하는 것이고, 두번째 목적은 시민권이 본질적으로 가질 수밖에 없는 정치적 속성을 강조하는 것이며, 세번째 목적은 오늘날 시민권의 가능성이 직면한 여러 문제를 살펴보는 것이다.

이번 작업을 완수하는 데 있어서, 지난 25년간 에든버러대학교, UEA(University of East Anglia), 리딩대학교, 에식스대학교, 그리고 UCL(London's Global University)에서 진행해온 민주주의와 시민권에 대한 다양한 수업을 수강한 학생들과 그 주제들로 나의 지도하에 연구를 진행한 많은 박사과정 학생들에게 큰 도움을 받았다. 이 책의 논지를 형성하는 시민권의 의미나 본질에 관하여 셀 수 없을 만큼 많은 논쟁을 함께 해준 친구들, 가족들, 과거와 현재의 동료들에게도 감사한다. 특히 맬컴 앤더슨(Malcolm Anderson), 루카 바첼리(Luca Baccelli), 나이젤 벨러미, 스티브 벨러미(Nigel and Steve Bellamy), 피에트로 코스타(Pietro Costa), 버나드 크릭(Bernard Crick), 앨런 크로마티(Alan Cromartie), 에이미 도미니언, 루이즈 도미니언(Amy and Louise

Dominian), 존 그린어웨이(John Greenaway), 리처드 건(Richard Gunn), 크리스 힐슨(Chris Hilson), 배리 홀든(Barry Holden), 故 마틴 홀리스(Martin Hollis), 세실 라보르드(Cécile Laborde), 앤드루 메이슨(Andrew Mason), 케이트 내시(Kate Nash), 알레타 노발(Aletta Norval), 팀 오하간(Tim O'Hagan), 사라 플레이든(Sarah Playden), 에밀리오 산토로(Emilio Santoro), 앨런 스콧(Alan Scott), 조 쇼(Jo Shaw), 니브 닉 시브니(Niamh Nic Shuibhne), 존 스트리트(John Street), 칼 스티친(Carl Stychin), 짐 툴리(Jim Tully), 알렉스 월리랙(Alex Warleigh-Lack), 알버트 윌(Albert Weale), 앤드루 윌리엄스(Andrew Williams), 그리고 다닐로 졸로(Danilo Zolo)에게 감사를 표한다. 다리오 카스틸리오네(Dario Castiglione)는 따로 언급할 필요가 있는데, 그는 나와 함께 십 년 넘게 유럽연합(EU) 시민권을 다루는 다양한 연구 프로젝트를 하는 동안 시민권 이슈에 대해서 함께 토론해주었을 뿐만 아니라, 친절하게도 이 책의 초고를 읽고 의견을 줌으로써 내가 오류를 범하지 않을 수 있게 도와주었다.

마지막으로 옥스퍼드대학교출판부의 직원들에게도 매우 감사한다는 말을 전하고 싶다. 특히 책을 완성할 수 있도록 나를 채근해준 제임스 톰슨(James Thompson)과 이 책이 일반 독자들에게 더 쉽게 다가가도록 의견을 제시해준 기획편집자

안드레아 키건(Andrea Keegan), 그림과 사진들을 적절하게 배치하는 데 도움을 준 데보라 프로테로(Deborah Protheroe)에게 감사를 표한다.

제 1 장

시민권이란 무엇이며, 왜 중요한가

시민권에 대한 관심이 이렇게 높았던 적이 없다. 모든 정파의 정치인들이 시민권의 중요성을 강조하고 있으며, 교회의 지도자들, 산업의 수장들, 전지구적 문제인 세계 빈곤에 맞서 투쟁하는 단체부터 국지적 문제인 지역사회의 범죄와 싸우는 단체에 이르기까지 모든 종류의 사회운동단체 대표들 역시 그 중요성을 강조하고 있다. 전 세계의 정부들은 학교와 대학들에서 시민권에 대한 교육을 추진해왔으며, 귀화를 원하는 이민자들을 위한 시민권 시험을 도입하기도 했다. 시민권의 종류는 이중 시민권과 초국가적 시민권[2]에서부터 기업 시민권[3]과 세계 시민권[4]에 이르기까지 그 종류가 계속해서 다양화되고 있으며, 투표율 감소, 청소년 임신 증가, 혹은 기후 변화 등 문제가 무엇이건 간에 시민권에 다시 생명력을 불어넣는 것이 그 해결책의 일환으로 제시되곤 한다.

위와 같이 시민권이라는 단어가 매우 다양하게, 그리고 매우 폭넓게 사용되고 있다는 점이 다소 당혹스럽게 느껴질 수 있다. 역사적으로 시민권은 특정한 정치공동체의 소속원으로서 갖는 특권, 즉 사회적 삶을 규제하는 공동의 결정을 내리는 데 있어 동료 시민들과 동등한 위치에서 참여할 수 있는 지위를 누리는 사람들에게 부여된 권리와 연관되어왔기 때문이다. 다시 말해, 시민권은 어떤 형태의 민주주의하에서의 정치적 참여, 특히 투표권과 밀접한 관련이 있다. 물론 정치적인 데만 관심을 두는 전통적인 접근방식에 대한 대안으로서 시민권의 다양한 새로운 형태들이 등장했고, 그러한 시도들은 어떤 면에서는 제법 그럴듯하다. 하지만 시민권의 의미가 지나치게 확장되어 타인을 상대하는 모든 일에 대한 권리와 의무까지 모두 포괄하게 되면 시민권의 중요하고도 독특한 역할, 즉 특유의 정치적 관계 맺기라는 부분이 모호해질 우려가 있다. 시민권은 군주정이나 독재정권하에서 신민으로서 느끼는 소속감을 비롯한 여타 정치적 소속감과 차이가 있을 뿐만 아니라 부모, 친구, 동반자, 이웃, 동료 혹은 손님 등의 사회적 관계들과도 차이가 있다.

오랜 시간에 걸쳐 민주적인 정치공동체의 본질과 시민이

되기 위해 필요한 자질들은 계속해서 변화해왔다. 시민권이라는 개념이 처음으로 탄생한 고대 그리스의 도시국가는 고대 로마공화정이나 르네상스 시기의 이탈리아 도시국가들과 상당히 달랐고, 이 모두는 또한 18세기 말부터 19세기 초에 등장해 오늘날까지도 여전히 시민권을 논하는 데 있어 주된 배경이 되는 국민국가(nation state)와도 굉장히 다르다. 시민권에 대한 현대적 논의들은 대체로 현재 우리가 세계화와 다문화주의라는 서로 연관된 두 가지 현상으로부터 촉발된 정치공동체의 변환, 그리고 시민권의 변환을 목도하고 있다는 관점을 반영하는 것처럼 보인다. 실제로 세계화와 다문화주의라는 두 개의 사회적 현상은 시민들의 공동생활을 조정하고 규정해내는 국민국가의 능력을 각기 다른 방식으로 시험하고 있으며, 그와 함께 시민권의 특성 역시 변화하고 있다.

이러한 발전 과정과 그로 인해 시민권이 겪게 된 변화들이 이 책의 중심 주제를 이루고 있다. 1장의 나머지 부분에서는 이 책의 의제들을 전반적으로 설명하고 펼쳐 보일 예정이다. 왜 시민권이 중요하고, 왜 그것이 정치적인 개념으로서 이해될 필요가 있는지 살펴보는 것으로부터 출발해서, 시민권에 대한 좀더 엄밀한 정의로 넘어간 후, 시민권이 마주하고 있는 여러 가지 문제—현대 사회에서 발생할 수 있는 일반적인 상황과 특수한 상황들 모두—를 언급하며 1장을 마무리하고자 한다.

왜 정치적 시민권인가?

시민권은 전통적으로 특정한 정치공동체에 대한 특정한 공적 권리와 의무를 포함하는 특정한 정치적 활동들의 집합으로 이해되어왔다. 앞서 언급했듯 시민권의 의미를 전반적인 사람들 간의 관계까지 포괄하는 것으로 넓히게 되면, 시민들이 공동체 안에서 공동생활을 형성하고 유지하기 위해 수행하게 되는 독특한 정치적 과업의 중요성이 훼손될 우려가 있다. 이러한 과업 중 가장 흔히 언급되는 것이자 가장 중대한 것은 의심의 여지 없이 민주적 절차에 참여하는 것—투표에 참여하는 것뿐만 아니라 자신의 의견을 발언하고, 다양한 방식의 사회운동에 참여하고, 공직에 출마하는 등—이다. 시민들이 실제로 참여하든 참여하지 않든, 참여할 수 있다는 사실 자체는 시민들이 자신의 다른 책임들—내용에 동의하지 않더라도 민주적으로 통과된 법률을 준수하기, 세금 납부하기, 군 복무하기 등—을 바라보는 방식에 영향을 끼치며, 그뿐만 아니라 민주적 절차에 참여할 수 있다는 사실은 시민들에게는 공동의 이익을 추구하게끔, 정치지도자에게는 사익이 아닌 공익을 추구하게끔 독려하는 가장 효과적인 메커니즘이 되기도 한다.

민주적 시민권이 잘 작동하는 사례는 매우 중요하고 그만큼 매우 희귀하다. 현재 전 세계 국가의 64%에 해당하는 120개 국가만이 선거를 통한 정권 교체 가능성이 현실적으로 존재하는 선거 민주주의(electoral democracy)를 채택하고 있으며, 또한 그중에서도 50년 이상 실질적인 민주주의를 계속 유지해온 국가는 단 22개에 불과하다. 제2차세계대전 이후 민주주의가 작동하는 국가의 수가 느리기는 해도 점차적으로 늘어나고 있는 것도 사실이지만, 민주주의 국가에서 투표율이 점차적인 감소 추세를 보이는 것 또한 사실이다. 예를 들어, 1945년부터 2005년 사이에 미국의 투표율은 13.8% 감소하였으며—1960년에는 투표율이 62.8%로 가장 높았으나, 1996년에는 49%로 가장 낮았다—영국의 투표율은 1950년에 83.6%였던 것이 2001년에는 59.4%로 떨어지면서 24.2% 감소했다. 물론 다른 국가들이 그렇듯, 영국과 미국도 지난 60년간 선거의 치열함이나 중요도에 따라서 투표율이 오르락내리락했고, 스웨덴과 같은 일부 국가들은 예전부터 지금까지 상당히 높은 투표율을 보여주고 있는 것도 사실이지만—스웨덴의 투표율은 1958년에도 상대적으로 낮다고 보기 어려운 수치인 77.4%였으며, 1976년에는 91.8%

라는 놀라운 투표율을 기록하였다—위에서 언급한 투표율의 일반적인 하향 추세는 부인하기 어려운 사실이다. 하지만 시민들은 민주적인 운영방식에 대해 점점 더 큰 불만을 표하면서도, 또 동시에 민주주의 그 자체에 대해서는 계속 긍정적인 입장을 취하고 있다. 2000년부터 2002년까지의 세계 가치관 조사(World Values Survey) 결과에 따르면, 미국의 응답자 중 89%가 민주주의를 '좋은 정치 체제'로 인식하였으며, 87%는 '가장 좋은 정치 체제'라고 응답하였다. 영국에서는 응답자의 87%가 민주주의를 '좋은 정치 체제'라고 응답하였고, 78%는 '가장 좋은 정치 체제'라고 응답하였으며, 스웨덴에서는 각각 97%, 94%의 응답률이 나타났다. 이에 따르면, 민주주의 국가의 구성원 중 대다수는 민주주의 체제가 갖고 있는 문제점이 무엇이건 간에 민주주의가 중요하다는 사실을 받아들이는 것처럼 보이며, 또한 민주주의를 통해 공정한 규칙에 따라 다른 동료 시민들과 동등한 자격으로 정부 정책에 영향을 끼칠 수 있으리라 기대하는 것처럼 보인다. 이러한 주요한 기회가 제공되지 않는 국가에 사는 사람들은 기껏해야 손님(guest)에 불과하며, 최악의 경우에는 그저 신민—현재 전 세계 인구의 40%에 이르는 사람들이 권위주의적이고 억압적인 정권하에서 신민으로 살아가고 있다—에 불과하게 된다.

투표할 수 있다는 것은 왜 중요하며, 시민권과 일반적으로

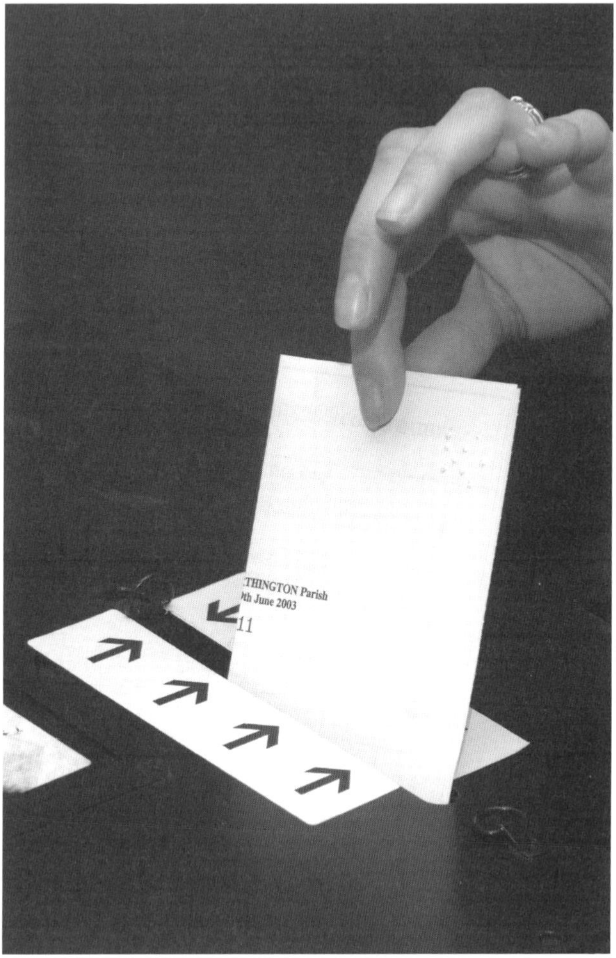

1. 시민권의 중요한 표식은 투표권이다.

연관되는 다른 자질 및 혜택들과 어떻게 연관되어 있는가? 모든 사람들은 무정부주의자가 아닌 이상 사회적, 경제적 생활을 규율할 수 있는 안정적인 정치적 체계와 필요한 규제를 함께 고안하고 실행할 수 있도록 그에 수반되는 다양한 정치적 기구들, 예를 들면 관료제, 사법 체계와 법원, 경찰력과 군대 등이 필요하다고 믿는다. 이러한 정치적 체계는 최소한 우리의 신체와 재산을 타인의 물리적 위해로부터 지켜줄 수 있어야 하고, 대부분의 사람들이 불가피하게 겪게 되는 다양한 사회적 상호작용들—여행하고, 재화와 노동을 사고팔고, 결혼하고 동거하는 등—을 위한 명확하고 안정적인 조건을 제공해줄 수 있어야 한다. 앞으로 살펴보겠지만, 대다수의 사람들은 정치공동체가 이와 같은 최소한의 역할 그 이상을 해줄 필요가 있다고 믿는다. 하지만 소수의 사람들은 복잡성을 띠어가는 사회 속에서 이러한 역할이 과연 필요한지, 또 현재 우리가 국가와 연관 짓는 속성들을 갖춘 정치적 공동체만이 그러한 역할을 수행할 수 있는 것인지 의심을 품기도 한다.

좋은 이웃되기(neighbourliness)와 같이 최근 들어 시민권과 관련되어 있다고 여겨지는 사회적, 도덕적 성향들은, 그것이 얼마나 포괄적이건 간에 어떤 정치적 체계에서든 분명 중요한 보완재이다. 법과 규칙이 모든 영역을 관할할 수는 없으며, 강제에만 의존하여 사람들에게 법이나 규칙을 준수하라고 할 수도 없다. 만약 사람들이 사회적으로 책임감 있게 행동하는 이유가 오직 처벌이 두려워서라면, 사회적 질서를 유지하기 위해서는 사람들의 삶에 전체주의적으로 개입하는 경찰국가(police state)가 등장해야 할 것이다. 그러나 이러한 방법은 경찰국가를 통해 막고자 하는 무질서보다도 훨씬 더 나쁜 것이다. 하지만 또 그렇다고 해서 사람들이 바람직하게 행동하기만을 기대할 수도 없다. 단순히 몇몇 사람들이 다른 이들의 선의로부터 이득을 취하기 때문만은 아니다. 인간은 제한된 지식과 사고력을 가진 탓에 오류를 범하기 쉬운 존재이며, 최선을 다하더라도 문제를 일으키거나 서로 부딪힐 가능성이 높기 때문이다. 대부분의 복잡한 문제들은 다양한 도덕적 고민과 딜레마를 유발하며, 그뿐만 아니라 문제 상황의 인과관계나 그 문제에 대해 제시된 해결책이 불러올 결과를 확실히 알기란 불가능에 가까울 정도로 매우 어렵다. 교통법규가 전혀 없는 상황에서, 모두가 현명한 판단력을 가지고서 서로에게 예의바르고 책임감 있게 행동할 것이라는 전제에만 기반하여 다른 운전자들과 행동을 조율해나가야 한다고 상상해보라. 모두가 양심적으로 행동한다고 하더라도, 앞이 제대로 보이지 않는 모퉁이나 복잡한 나들목과 같이, 다른 사람들이 어떻게 행동할지 짐작하는 것이 불가능해서 적절한 판단을 내리기에는 주어진 정보가 부족한 상황이 발생할 것이다. 이러한 상황에서 신호등과 같은 정치적 규정들은 우리 자신과 타인의 상황을 정확히 파악할 수 있게 함으로써 다양한 상호작용을 조율할 수 있도록 한다. 상거래에 있어서도 규정들 덕분에 우리는 서로 합의에 이를 수 있고, 신뢰를 가지고서 그 이후의 계획을 세울 수 있게 된다.

요즘에야 어떤 정치적 체계든, 심지어는 무자비한 폭군에 의해 통치되는 체계라 하더라도 안정적이고 효율적으로 잘 운영되기만 한다면 이러한 종류의 혜택을 제공할 수 있다. 사담 후세인의 몰락 이후 찾아온 정치 질서의 공백으로 많은 이라크 국민이 겪어야 했던 불확실한 상황들과 불안을 떠올려 보라. 하지만 그렇다고 해서 대단한 부나 권력, 영향력을 갖지 못한 사람들, 즉 거의 대부분의 사람들이 아무 정치적 체계에나 만족하지는 않을 것이다. 그들은 정부를 포함하여 누구라도 예외 없이 따라야만 하는 체계, 그리고 얼마나 돈이 많건 얼마나 중요한 사람이건 간에 구성원 모두를 동등하고 공평하게 대우하는 체계를 원할 것이다. 더 구체적으로 이야기하자면, 모두가 평등하게 각자 자신이 선택한 삶을 추구할 자유를 누릴 수 있도록 하는 정당한 기반을 제공할 수 있고, 동시에 적절한 사회적, 정치적 안정을 기반으로 상당한 개인적 안전을 확보할 수 있는 정치적 체계를 원할 것이다. 이와 같은 특징을 가진 정치공동체의 법률과 정책들이 보장되기 위한 필요조건은—충분조건은 아니더라도—바로 선거 민주주의와 선거 민주주의의 작동을 위한 시민들의 참여다. 일단 정치적 관여 자체가 시민들이 바람직하게 여기는 정치적 체계의 모습을 직접 만들어나갈 수 있도록 돕기 때문이다. 물론 사람들은 평등, 자유, 안전이 구체적으로 무엇을 의미하는지, 그리고 주어진 상황에서 그러한 가치들을 추구하기 위한 최선의 정책이 무엇인지에 대해서 이견을 갖겠지만, 민주주의를 통해서 시민들은 서로 어느 정도 동등한 조건에서 토론할 수 있고 다른 사람의 시각이나 이해관계에 대해서 이해할 수 있게 된다. 또한 민주주의는 정치인들이 개인적인 사익이 아니라 시민들의 이익을 반영하고 증진하는 방식으로 활동할 유인을 제공함으로써, 시민들의 진화하는 관심사와 변화하는 상황들에 기민하게 대응하는 정부가 등장하는 것을 가능하게 한다.

현실에서 구현하는 것은 또다른 문제이지만, 작동 원리 자체는 매우 간단하다. 정치인들이 지속적으로 시민들을 무시하거나 무능력한 것으로 드러나면 결국 실각하게 된다. 더 나아가, 주기적으로 정권 교체가 이루어지는 민주주의하에서 시민들은 서로에게 더욱 귀기울이게 된다. 선거에서 다수를 형성하기 위해서는 다양한 집단들이 종종 타협을 통해 서로 손잡아야 하며, 그뿐만 아니라 연합을 통해 승리하더라도 미래에는 우세 연합의 구성이 바뀔 수 있고 또 거기서 자신들이 제외될 수도 있다는 가능성을 인지하고 있기 때문이다. 즉, 승자가 패자의 요구와 시각을 존중해야 할 이유가 충분히 있는 것이다.

5장에서 보게 되겠지만, 가장 바람직한 민주주의 시민권은 시민들 간의 형평성과 호혜성을 증진하는 방향으로 작동한다. 예를 들어 30%의 유권자들은 더 높은 연금을 원하고, 40%는 더 낮은 세금을 원하고, 60%는 더 많은 도로를 원하며, 30%는 더 많은 기차를, 60%는 탄소배출 감소를, 30%는 낙태 반대를, 60%는 재정적으로 더 탄탄한 병원을, 30%는 학교 개선을, 20%는 더 많은 주택 건설을, 35%는 여우 사냥을 지지한다고 해보자. 만들어낸 상황이기는 하지만, 대부분의 민주주의사회에서 발견되는 다양한 정책들에 대한 지지도의 분포도 이와 크게 다르지 않을 것이다. 이제 몇몇 정책들이 또 다른 정책들과 함께 실행되는 것이 얼마나 어려운지를 주목해보자. 병원 시설을 개선하려면 대신 도로나 학교를 건설하는 데는 돈을 덜 쓸 수밖에 없는 것처럼, 어느 한쪽에 돈을 더 사용한다는 것은 다른 쪽에 돈을 덜 써야 한다는 것을 의미하니 말이다. 그리고 어떤 개인이나 집단이 모든 이슈에 대해 꾸준히 다수에 속하거나 소수에 속하는 일이 얼마나 가능성 낮은 일인지에 대해서도 생각해보자. 사냥을 지지하는 소수집단이 낙태를 반대하는 소수집단이나 더 많은 주택을 건설하기를 바라는 소수집단과 항상 일치하기는 어려울 것이다. 내 경우에도, 낙태 문제에 있어서는 소수이지만, 여우 사냥에 있어서는 다수이고, 학교 교육에 대해서는 다시 소수, 도로 건설에 대해서는 다수가 된다. 그렇기에 각 상황마다 나는 조금씩 다른 집단의 사람들과 힘을 합치게 될 것이다.

게다가 사람들이 어떤 이슈에 대해 폭넓게 동의하고 있다 하더라도, 해당 상황을 가장 잘 해결할 수 있는 정책이 무엇인지에 관해서는 강하게 충돌할 수도 있다. 예를 들어 60%의 사람들이 탄소배출을 낮추자는 데 모두 동의한다 하더라도, 탄소배출 저감 방법에 있어서는 30%는 핵에너지를 선호하고, 30%는 풍력에너지를, 20%는 차량 이용을 줄이는 것을, 25%는 더 많은 환경세를 부과하는 것을 선호할 수도 있다. 그로 인해 대다수의 사람에게 있어 자신이 지지하는 정책이 압도적인 다수의 지지를 받는 경우는 매우 적을 것이며, 사람들은 부분적으로 겹칠 때도 있겠지만 주로 서로 다른 소수집단에 속하게 될 것이다. 그러므로 정당의 입장에서 실질적인 다수를 만들어내고자 한다면, 광범위한 이슈와 정책을 아우르는 소수자들의 연합을 구성해야 하며, 다양한 소수집단 간의 거래와 타협을 성사시켜야 한다. 그래서 대부분의 사람들이 자신이 지지하지 않는 정당의 정강에 대해서도 일부는 좋아하고 일부는 싫어하는 것이 가능해지는 것이다. 예를 들어 한 미국 유권자는 민주당의 낙태에 대한 입장을 선호하면서도 동시에 공화당의 경제정책에 대한 입장을 선호할 수 있고, 한 영국 유권자는 노동당의 보건 정책과 보수당의 유럽연합 정책을 동시에 선호할 수 있다. 유권자들은 자신이 무엇을 가장 중시하는지를 적절히 따져서 선호하는 정책과 선호하지 않는 정책의 우선순위를 매기고 그에 따라 자신의 표를 행사할 것이다. 시간이 흐름에 따라 유권자들이 관심을 갖는 이슈나 그에 대한 태도가 바뀌게 되면, 그에 따라 정당이 부상하거나 형세가 기울기도 할 것이고, 유권자 개인이 선호하는 정책이 다수의 의견이 되기도 했다가 소수가 되기도 할 것이다. '일인일표'가 모든 개인의 선호도가 동등하게 간주되어야 한다는 것을 의미한다면, 정당이 다종다양한 의견들을 정강에 담아야만 하는 상황은 시민들로 하여금 어느 정도의 상호 관용과 타인의 이해관계와 관심사에 대한 수용을 실천하게끔 만든다.

이때, 누군가는 시민이 되지 않고서도 모두를 동등하게 대하는 공평한 정치적 체계를 충분히 향유할 수 있지 않느냐고 말할지도 모른다. 만약 어떤 사람이 안정적인 민주주의국가에 놀러가서 휴가를 즐기고 있다면, 그는 그 나라 시민들과 거의 동일한 방식으로 그 나라의 법률 시스템이나 공공서비스의 혜택을 누릴 수 있을 것이다. 폭력이나 사기에 대항할 수 있는 권리라든지, 범죄에 연루되었을 때 공정한 재판을 받을 권리 등, 그가 누릴 수 있는 시민적 자유의 바탕이 되는 법률의 내용은 시민에게나 그에게나 동일할 것이기 때문이다. 또한 그는 시민들이 갖는 대부분의 의무를 갖게 될 것이며, 운전을 할 때 규정속도를 준수하거나 물건을 살 때 판매세를 지불하는 등 그 나라의 법률을 준수해야 한다. 시민권과 관련되어 있다고 여겨지는, 법문화되어 있지 않은 대부분의 사회적 의무들도 마찬가지이다. 만약 그가 사회적으로 책임감 있는 사람은 쓰레기를 주워야 하고, 길을 건너는 할머니를 도와드려야 하고, 인종차별주의적이거나 성차별적인 발언을 지양하고, 공정무역 제품을 소비해야 한다고 생각한다면, 모국에서뿐만 아니라 타국에서도 해당 규범들을 지킬 필요가 있다. 다른 나라의 법률을 만드는 데 직접 참여하지 않았음에도 그 나라의 법률을 마땅히 준수해야 한다는 생각 역시도 이런 사회적 의무와 관련된 것이다. 마찬가지로 이러한 사회적 의무를 고려했을 때, 현지 시민들도 외국인 방문자들에게 동료 시민을 대하듯 정중한 태도를 보여야 할 것이다. 만일 그가 방문한 나라가 너무나 마음에 들어서 그 나라에서 직업을 구하고 얼마간 머무르기로 했다면, 그는 소득세를 내고 고용법의 보호를 받게 될 것이며, 심지어 그에 따른 특정한 사회적 혜택을 누릴 수도 있게 될 것이다. 물론 현실에서는 현지 언어를 능숙하게 사용하지 못한다든지 하는 다양한 이유로 시민이 아닌 사람들이 시민들에 비해 권리를 행사하는 데 있어 불이익을 받기도 한다. 하지만 이런 식의 불이익은 시민이라는 지위를 갖지 못함으로써 발생하는 직접적인 불이익은 아니다. 시민권을 얻기 위해 귀화를 한다고 하더라도 대체로 비슷한 상황에 놓이게 될 것이기 때문이다. 또한 그가 다른 사람에게 사려 깊게 행동하는 근면하고 예의바른 사람이라면, 현지 시민들은 그가 이웃들로부터 존경받는 지역사회의 중요한 인물이 되지 못하도록 막을 이유도 전혀 없다. 그렇다고 한다면, 투표나 배심원 참여 등 많은 시민이 부담스럽게 여기는 일들을 할 수 있는지 여부가 왜 중요한 걸까? 더욱이 그가 시민들이 향유하는 이런 추가적인 권리들을 전혀 필요로 하지 않는다면 말이다.

그러한 것들에 신경을 써야만 하는 데는 두 가지 이유가 있으며, 두 가지 이유 모두 시민권을 정치적으로 이해하는 것이 왜 중요한지를 잘 보여준다. 우선 첫째, 시민과 달리 그는 그 나라에 입국하거나 머물 수 있는 무조건적인 권리를 갖지 못하며, 당국의 방침에 저촉되는 상황이 발생할 경우 입국이 거부되거나 추방될 수 있다. 이어지는 장에서 살펴보겠지만, 많은 사람이 전쟁 발생이나 폭압적인 정권으로 인해 고국의 국적을 잃거나, 극심한 빈곤 탓에 더 나은 삶을 찾아 다른 나라로 나설 수밖에 없도록 내몰리는 지금과 같은 시대에서 이러한 권리는 매우 핵심적이다. 하지만 이 정도로는 단순히 영주권자가 되는 것을 넘어서서 꼭 시민이 되어야 하는 이유가 충분히 제시된 것 같지는 않다. 어쨌든 대부분의 민주주의 국가들은 절실한 상태에 놓여 있는 사람들을 도울 인도주의적 의무에 대해 인식하고 있으며, 망명 신청자들이 생명의 위협이 존재하는 본국으로 송환되지 않도록 하는 내용의 국제협약을 체결하였기 때문이다. 게다가 요즘 들어서는 '데니즌(denizen)'이라고 불리는 장기거주자들에 대한 권리가 점차 국제적으로 인정되고 있기는 추세이기도 하다. 그렇다고 한다면, 그가 합법적으로 해당 국가에 입국하였고 법률을 잘 준수해서 추방당할 위험이 없는 경우, 그 나라의 질서정연한 체제하에서 그저 인생을 즐기기만 하면 안 되는 걸까? 이에 답하기 위해서는 두번째 이유를 살펴보아야 한다. 두번째 이유는 그가 그 나라를 마음에 들어하는 이유들이 상당 부분 그 나라의 민주적인 성격으로부터 기인한다는 사실과 관련되어 있다. 국제법 아래 그가 누리게 될 준시민로서의 지위(quasi-citizenship)도 실은 민주주의국가들에 의해서만 추진되고 지켜질 수 있는 국제협약의 산물이다. 그리고 그 나라들이 계속해서 민주주의 체제를 유지할 수 있을지는 상당한 비율의 시민들이 스스로의 의무를 다하면서 민주적인 과정에 참여하고 있는지 여부에 달려 있다.

위에서 잠깐 언급했듯, 점점 더 많은 시민은 굳이 참여하려고 하지 않는다. 그들은 참여하는 것이 무의미하다고 생각하거나 혹은 다른 사람들의 노력에 기꺼이 무임승차하려고 한다. 하지만 내가 보기에 그들은 완전히 잘못 생각하고 있다. 물론 민주주의가 시민들의 기대를 충분히 충족시켜주지 못하는 경우, 사람들은 참여 가치를 별로 느끼지 못할 수 있다. 하지만 이는 민주주의를 버려야 하는 이유가 되는 것이 아니라 오히려 민주주의를 개선해야 하는 이유가 된다. 민주주의가 대다수의 시민들에게 실질적인 이익을 가져다준다는 사실을 이해하려면, 불완전하기는 해도 잘 정립된 민주주의 체제하에서의 삶과 비민주주의적인 정권하에서의 삶을 단순히 비교해보기만 하면 된다. 자신의 생각을 표현하고 그것이 고려될 가능성이 존재하지 않는 정권하에서는, 아무리 그 정권이 자비롭고 효율적으로 통치된다고 하더라도 사람들은 스스로에 대한 존중감을 느낄 수 없고 아마 타인을 존중하기도 어렵게 된다. 그러한 정권하에서 통치자는 피치자를 더이상 동등한 존재들, 즉 의견을 낼 수 있고 동등하게 고려되어야 할 각자의 이해관계를 가질 자격이 있는 동등한 존재들로 바라볼 필요가 없게 되고, 곧 피치자들을 더이상 신경쓸 필요도 없게 된다. 이와 달리, 민주적 시민권은 권력이 작동하는 방식과 시민들이 서로를 대하는 태도를 변화시킨다. 민주주의하에서는 모두가 지배하는 동시에 지배받는 데 참여할 수 있으므로, 시민권을 통해 우리는 정치 지도자들을 통제할 수 있게 되고, 동시에 우리 스스로를 통제하고 동료 시민들을 동등하게 배려하고 존중하며 협력할 수 있게 된다. 이에 비하면, 위에서 언급한 영주권자는 단지 그럴듯한 신민에 불과하다. 그는 자신의 의견을 표현할 수는 있겠지만, 다른 시민들과 동등한 자격으로 자신의 의견을 들어달라고 얘기할 자격은 없는 셈이다.

시민권의 구성 요소와 정의

지금까지 살펴본 대로, 시민권은 민주정치와 내재적인 연관성을 갖고 있다. 시민권은 배타적인 모임의 구성원이 될 자격인 셈이며, 그러한 자격을 갖춘 사람들끼리 해당 정치공동체에서의 공동생활에 대한 주요한 결정들을 내린다. 그리고 공동체의 특성은 여러 면에서 사람들이 만들어낸 모습을 반영하고 있으며, 특히 사람들의 참여 여부는 공동체의 사람들이 어떠한 방식으로 얼마만큼 동등하게 대우받을 수 있는지에 큰 영향을 끼치게 된다. 이러한 논의로부터 시민권을 구성하는 서로 연결된 세 가지 요소를 도출해낼 수 있다. 그것은 바로 민주적인 정치공동체에 대한 성원권(membership)[5], 성원권과 연관된 공동의 혜택과 권리, 그리고 공동체의 정치적, 경제적, 사회적 과정에 대한 참여이며, 이 세 가지는 모두 시민적 평등의 조건을 성립하는 데 있어 서로 다른 방식으로 연결되어 있다.

시민권의 첫번째 요소인 성원권 혹은 소속 여부는 누가 시민인지에 대한 문제와 관련이 있다. 과거에는 정치공동체 외부에 있는 사람들뿐만 아니라 내부에 있는 사람들도 시민의 범주에서 제외되었다. 인종이나 성별, 기타 다른 이유로 열등하게 태어났다고 여겨졌던 사람들, 재산이 없거나 교육을 받지 못해서 자격이 없다고 여겨졌던 사람들, 그리고 범죄를 저질렀거나 실업자, 노숙자, 정신질환자가 되어서 자격을 잃었다고 여겨졌던 사람들이 내부적으로 배제되었다. 그래서 대부분의 민주주의국가에서 여성은 노동자를 배제했던 과거를 넘어 남성에 대한 보통선거권이 보장된 시점으로부터도 한참 후에서야 비로소 투표권을 얻게 되었으며, 지금도 교도소에 갇혀 있는 재소자들은 일정한 주소지를 갖지 못한 사람들과 마찬가지로 투표권을 박탈당하고 있다. 내부적 배제의 근거 중 대부분은 더는 근거 없는 것으로 여겨지게 되었지만, 일부는 여전히 작동하고 있으며 각기 다른 집단들이 갖는 투표권의 영향력이 동등하지 않은 경우도 존재한다. 다른 한편, 시민권에 대한 최근의 논의들은 대부분 망명 신청자나 이민자들과 관련된 외부적 배제에 주로 집중되어 있다. 이들을 배제하기 위한 조치들이 여전히 존재하고 또 새롭게 도입되고 있는 것도 사실이나, 외부적 배제에 있어서도 국내적으로도 국제적으로도 좀더 포용적인 정책으로의 변화가 이루어져왔다. 하지만 오늘날의 국제 이주는 전례가 없을 정도는 아닐지라도 그 정도가 충분히 심각하고 장기적일 뿐만 아니라 전 세계적인 범위로 활발히 일어나고 있어, 시민권의 기준에 대한 근본적인 재고가 필요하게 되었다.

이후 살펴보게 되겠지만 구성원의 자격에 대한 그 어떤 기준도 간단하게 증명되지 않는다.[6] 시민권은 해당 공동체의 정치적, 사회경제적 생활에 모두 참여할 수 있는 능력을 내포하고 있으나, 참여의 본질이 무엇인지 그리고 참여하기 위해 필요한 능력은 무엇인지에 대해서는 오랜 시간 동안 다양한 의견이 제시되어왔으며, 여전히 논쟁의 여지가 남아 있다. 시민들은 그들이 거주하는 국가에 자신이 어느 정도 소속되어 있다고 생각할 테지만, 소속된다는 것은 다양한 공공재를 제공하는 대가로 시민들의 행동을 규제하고 세금을 요구할 수 있는 권력에 대한 것임을 알 필요가 있다. 자신과 동료 시민들을 얼마나 동일시하는지는 또다른 문제다. 물론 민주주의가 잘 작동하기 위해서는 어느 정도의 공통된 시민적 문화, 즉 현존하는 규율들의 정당성에 대한 폭넓은 합의나 정치적 토론을 위한 공동의 언어 등이 분명히 필요하다. 시민들이 다른 이의 노력에 무임승차하려 하지 않고 시민권을 통한 공동의 혜택을 만들어내기 위해 협력하려면 시민들 사이의 신뢰나 연대 역시도 중요한 것이 사실이다. 하지만 점차 다양한 문화가 공존하는 사회가 되어감에 따라, 실제로 그러한 가치들이 시민들의 공유된 정체성과 얼마만큼 관련이 있는지는 매우 중대한 문제임에도 불구하고 더욱 답하기 어려워졌다.

두번째 요소인 권리는 보통 시민권의 명확한 척도로 여겨진다. 현대 정치철학자들은 시민권을 구성하는 권리들이 무엇인지 밝히기 위해 주로 두 가지 접근방식을 택해왔다. 첫번째 접근방식은 시민들이 서로를 동등한 배려와 존중을 받을 만한 자유로운 존재들로 대우하기 위해서 갖춰져야 할 권리가 무엇인지를 살펴보는 방식이며, 두번째 접근방식은 민주적 의사결정에 자유롭고 동등하게 참여하기 위해 필요한 권리가 무엇인지만 간단히 살펴보는 방식인데, 두 가지 방식 모두 명쾌한 답을 주지는 못한다. 대다수의 진정한 민주주의자들은 시민의 권리를 민주주의라는 개념 자체에 내재되어 있는 것으로 바라보아야 한다는 데는 전반적으로 동의할 테지만, 각 접근방식에서 도출되는 구체적인 권리의 내용에 관해서는 매우 상이한 결론에 도달하게 될 것이기 때문이다. 이러한 차이는 현대 민주정치의 중추를 형성하는 다양한 이념적 분파를 반영한다. 신자유주의자들은 사회적, 경제적 권리에 있어서 각 개인들에게 동등한 배려와 존중을 보여주기 위해서는 자유시장이 존재하는 것만으로도 충분하다고 여길 테지만, 사회민주주의자들은 공공 의료서비스와 사회보장 시스템 역시 갖춰져야 한다고 생각할 것이다. 이와 마찬가지로, 어떤 사람들은 시민들의 동등한 투표권을 보장하기 위해서는 비례대표제가 반드시 필요하다고 주장할 것이고, 또다른 사람들은 단순다수투표제만으로도 충분할 뿐만 아니라 단순다수투표제가 비례대표제보다 더 우월하다고 주장할 것이다. 이러한 이견들이 존재하므로, 시민이 갖는 권리는 다소 역설적이기는 하지만, 시민들 스스로의 결정에 달려 있는 것으로 보아야 한다.

하지만 시민권 논의를 권리에만 집중시키는 것이 여러 가지 면에서 지나치게 환원주의적이라는 점을 상기한다면, 위와 같은 역설이 그리 심각한 문제인 것은 아니다. 우리는 권리를 개인이 정부를 비롯한 다른 사람들에게 '적당한 예의를 갖추고서 자신을 대해달라'고 요구할 수 있는 개인적 자격으로 바라보는 경향이 있다. 그런데 권리가 개인에게 부여되는 것은 맞으나, 권리의 집단적 면모가 간과되어서는 안 되며 바로 이 부분에서 권리와 시민권 간의 연계성이 부각된다.[7] 권리에 대한 주장에서 언제나 우리의 귀를 사로잡는 부분은 권리 자체에 대한 이야기보다는 사람들이 왜 그러한 권리를 가져야 하는지 그 이유에 대한 이야기이다. 이에 대한 입장들은 대부분 두 가지 요소를 갖고 있다. 첫번째는 한 인간이 자유로운 선택과 노력에 의해 자신의 삶을 영위하는 데 있어 중요하다고 여겨지는 것들을 강조한다. 타인에 의한 강제가 없다든지, 음식이나 주거, 건강과 같은 특정한 물질적 조건들이 주로 포함된다. 두번째 주장들은, 이 부분이 우리의 관점에서는 더 중요한데, 모두가 동등한 조건에서 이러한 권리들을 보장받을 수 있도록 사회적 관계가 제대로 조직화되어 있어야 한다는 점을 시사한다.[8] 이러한 점에서, 권리는 두 가지 중요한 의미에서 집단적 가치(collective goods)[9]라고 할 수 있다. 우선, 우리 모두 특정한 재화를 각자의 삶을 영위해나가는 데 있어 아주 중요한 것이라 여기며 공통된 관심을 두고 있다는 점이 전제되어 있다. 또한 이러한 권리는 특정한 시민적 의무, 즉 적절한 공동의 협력체계를 만들어나가는 데 협력하는 등 모두가 존중받을 수 있도록 하는 시민적 의무를 받아들인 사람들이 있을 때 비로소 보장될 수 있다. 예를 들자면, 개인적 안전을 논쟁의 여지 없이 모두가 원할 만한 것으로 받아들일 때, 안전에 대한 권리는 우리 모두가 서로에 대한 부당한 간섭을 포기하고, 모두의 권리를 공평하게 인정하는 사법 체계와 경찰력을 마련하는 데 협력해야만 비로소 확보될 수 있다는 뜻이다. 결국 우리는 정치적 시민권이 왜 중요한지에 대해 다뤘던 앞선 논의로 다시 돌아오게 된다. 권리는 결국, 구성원들이 타인과 동등하게 자신의 삶을 살아나가는 데 있어 필요한 것들을 보장받을 수 있는 공정한 협의체를 만들고자 노력하는 특정한 형태의 정치공동체가 존재할 때 비로소 보장될 수 있다. 그러므로 이러한 권리들은 민주적 시민의 권리, 즉 권리에 대한 권리를 의미하는 시민권과 연관되어 있다. 시민권은 곧 '권리를 가질 권리', 즉 평등한 방식으로 시민들의 권리를 제도화해낼 수 있는 능력이기 때문이다.

이제 시민권의 세번째 요소인 참여를 살펴볼 차례이다. 시민권을 '권리를 가질 권리'라고 부르는 것은 수많은 권리를 누릴 자격이 해당 정치공동체의 구성원인지 여부에 달려 있다는 것을 암시한다. 하지만 많은 인권운동가들은 바로 이러한 점에서 시민권의 배제적 성격을 비판해왔으며, 어디에서 태어났는지 어디에서 살게 되었는지와 관계없이 권리는 모두에게 동등하게 보장될 필요가 있다고 주장해왔다. 어떤 경우에는 시민권을 획득하는 데 있어 어떤 식의 제한도 허용되어서는 안 된다고 주장하기도 했다. 권리 보장은 정치공동체의 국경을 초월할 수 있어야 하고, 성원권이나 참여 여부에 달려 있어서는 안 된다는 것이다. 이러한 비판은 꽤 일리가 있으나, 이제 말할 세 가지 측면에서 문제를 갖고 있다.

첫째, 잘 운영되는 민주주의하의 시민들은 단순히 인도주의적 근거에 의해 누리는 권리인 인권의 수준이나 범위를 넘어서는 권리들을 향유한다. 물론 해당 국가들이 가난하고 비민주적인 국가들에 대한 직간접적 착취와 그와 관련된 인권 유린 행위들—권위주의적 통치자에게 무기를 대는 등—을 통해 그러한 이득을 누리고 있는 것이라 비판할 순 있다. 하지만 이러한 잘못된 행위들을 시정한다 하더라도 국가 간의 현저한 빈부격차 문제는 여전히 남는다. 둘째, 권리는 시민들 스스로의 적극적인 활동과 그들이 속한 정치공동체의 집단적 가치에 대한 기여로부터 나오는 것이다. 이러한 점에서 시민권은 시민들에게 어떤 권리를 어떻게 제공할지를 결정할 수 있는 능력을 쥐여줌으로써 '권리를 가질 권리'를 창출해낸다. 어떤 국가에서는 세금을 많이 내고서 너그러이 운영되는 의료, 교육, 사회보장 제도를 선택할 것이고, 다른 국가에서는 세금을 덜 내고 덜 관대한 공동 서비스를 선택하는 대신 문화 영역이나 경찰력과 군사력에 대한 지출을 늘리는 것을 선택할 것이다. 마지막으로, 권리를 가질 권리를 이야기한다고 해서, 현존하는 민주주의국가들에게 비민주적 국가의 민주화를 도울 의무, 망명 신청자들을 원조할 의무, 시민으로서의 의무를 다하고자 하는 이민노동자들에게 동등하고 차별적이지 않은 귀화 절차를 갖출 의무를 부여하는 인권을 이야기할 수 없는 것은 아니다.

지금까지 살펴본 대로, 시민권의 세 가지 요소인 성원권, 권리, 참여는 서로 뗄 수 없는 연관성을 갖고 있다. 우리는 정치 공동체의 구성원이 되어, 모두가 공평하게 각자의 삶을 추구할 수 있도록 하는 권리들을 향유하는 공동생활을 구성해나가는 데 동등하게 참여한다. 이 세 가지 구성 요소를 모두 합치면, 우리는 아래와 같은 시민권의 정의를 제시할 수 있게 된다.

> 시민권은 시민적 평등에 대한 조건이다. 시민권에는 모든 시민이 동등하게 사회적 협력의 조건을 결정할 수 있는 정치공동체의 성원권이 포함된다. 이러한 지위에는 정치적 협의체를 통해 제공되는 집단적 가치를 향유할 수 있는 동등한 권리에 대한 보장이 수반될 뿐만 아니라, 집단적 가치 — 민주적 시민권 그 자체도 여기에 포함된다 — 를 증진하고 유지할 동등한 의무 역시도 수반된다.

시민권의 역설과 딜레마

앞서 나는 시민권을 '권리를 가질 권리'로 바라볼 때 발생하게 되는 역설에 대해서 언급한 바 있다. 동료 시민들과의 협력하에 정치적으로 참여할 수 있는 시민으로서의 기본적 권리를 어떻게 행사하는지에 따라 시민의 권리의 내용이 달라질 수 있다는 역설 말이다. 권리는 공통의 문제를 해결하기 위한 정책들—개인적 안전을 위해 경찰력과 사법 체계를 마련하는 등—로부터 탄생한다. 더 나아가 이러한 정책들은 정책으로부터 탄생한 다른 이의 권리를 존중하고 세금을 납부하는 등 해당 정책을 유지하기 위해 지속적으로 다른 사람들과 협력할 때만 제대로 작동할 것이다. 그렇다면 권리는 의무, 특히 우리의 권리를 결정짓는 과정에 참여할 정치적 권리를 행사할 의무를 포함하게 된다. 이러한 역설은 우리의 협력적 행동에 큰 영향을 끼치게 되는 딜레마를 야기한다. 그것은 제 몫을 다하는 다른 사람들에게 기대어 노력하지 않고도 공동체로부터 제공된 집단적 가치나 권리를 누리는 것이 가능하다는 것을 알게 되면, 우리는 시민적 의무를 회피하고 싶은 유혹을 느끼게 된다는 것이다. 그리고 더 많은 시민이 이런 식으로 행동할수록 함께 협력해야 할 동료 시민에 대한 믿음은 사라질 것이다. 공동의 협력체계는 점점 더 신뢰할 수 없는 것으로 여겨지게 됨으로써, 사람들은 시민권을 방기하고 더 개인주의적인 방식으로 이익을 좇게 될 것이다.

해당 재화가 '공공재'—가로등 불빛처럼 재화 생산에 기여했는지 여부와 관계없이 재화의 혜택으로부터 누구도 배제될 수 없는 재화—의 속성을 갖고 있는 경우, 이러한 딜레마는 더욱 심화된다. 이런 경우에 사람들은 다른 사람들의 노력에 무임승차하고 싶은 유혹을 느끼게 된다. 옆집에 사는 이웃이 가로등에 대한 비용을 내고 있는 경우를 가정해보면, 설령 내가 비용을 보태지 않기로 선택하더라도 옆집 이웃은 내가 가로등 불빛의 혜택을 누리는 것을 막을 수 없기 때문이다. 많은 측면에서 민주주의는 이러한 종류의 공공재처럼 작동하기에 그 역시 무임승차의 곤경에 직면하게 된다. 선거를 위한 정보를 얻고 표를 행사하는 데 드는 비용은 즉각적이고 직접적으로 와닿는 문제인 반면, 투표를 통해 얻게 될 혜택은 투표하지 않았을 때의 불이익에 비해 와닿지도 않고 각 개인에게 주어지는 것으로 여겨지지도 않는다. 투표를 하든 하지 않든 민주주의사회에서 살아가는 이점을 누릴 수 있고, 표 하나가 민주주의 제도를 유지하는 데 있어 기여하는 바는 매우 적다. 또한 민주주의의 단점들—사람들이 싫어하는 정책이나 정치인들—은 훨씬 선명하게 보이는 데 반해, 민주주의의 미덕은 흩어져 잘 보이지 않는데다 이제 막 민주화된 국가에서는 그것이 장기간에 걸쳐 드러난다. 결론적으로 민주주의에 있어 무임승차에 대한 유혹은 매우 클 수밖에 없다.

사실, 정치학자들은 사람들이 왜 투표에 신경을 쓰는지 어리둥절해하곤 했다. 투표하는 것이 비합리적인 행동처럼 보였기 때문이다. 한 사람의 투표가 선거 결과를 뒤바꿀 가능성이 매우 미미하다는 것을 생각한다면, 애써 투표할 필요가 없는 것처럼 보인다. 투표하지 않으면 민주주의가 무너질 수도 있다는 두려움도 이와 같은 자기중심적 추론에는 거의 영향을 끼치지 못할 것이다. 개인의 입장에서는 여전히 다른 사람들의 노력에 기대는 무임승차자가 되는 것이 이득이기 때문이다. 결국 다른 사람들이 자신의 몫을 해내지 못하게 되면 무임승차 역시 무의미해질 텐데도 말이다. 과거의 시민들은 이런 문제에서 편협하게 수단적으로 사고하지는 않았던 것으로 보인다. 그들은 다른 사람들과 의견을 교류할 수 있는 기회를 소중히 여겼다. 오늘날 점차 낮아지는 투표율이 보여주듯, 염려되는 것은 이와 같은 시민성이 점차 약화되고 있다는 사실이며, 시민들은 정치적 참여뿐만 아니라 정치적 권위체의 존재 이유라고도 할 수 있는 집단적 가치에 관해서도 점점 더 자기중심적이고 계산적인 태도를 보이고 있다. 그뿐만 아니라 시민들은 동료 시민들과 정치인들 역시도 자신처럼 각자의 이익만 생각하고 있다고 느낀다. 한 예로, 미국의 선거 연구에 따르면, 지난 40년 동안 대다수의 미국 시민은 정부가 모두에게 혜택을 주기보다는 주요한 혜택을 소수의 사람에게만 준다고 생각하게 되었다. 정부로부터 모두가 혜택을 받는다고 응답한 사람의 비율이 낮을 때는 1974년과 1994년에 각각 24%, 19%였고, 높을 때는 1984년과 2004년에 각각 39%, 40%를 기록하는 등 계속적으로 변동하기는 했지만 말이다.

1996년에 영국에서 행해진 설문조사 결과에서도 88%나 되는 응답자가 의회 의원들이 유권자나 국가를 위해서 일하는 것이 아니라 본인을 위해 일한다고 믿고 있었으며, 56%는 그들이 단지 사적인 주의나 주장을 펼치기 위해 의원직을 수행한다고 응답하였다.

시민권의 행사나 목적을 고려했을 때, 이러한 사람들의 태도나 인식 변화는 큰 문제가 아닐 수 없다. 시민들이 협력해서 만들어내야만 하며 시민들의 권리와 직결된 집단적 가치 중 대부분은 위에서 이야기한 공공재의 딜레마와 직결되어 있기 때문이다. 투표와 마찬가지로 경찰, 도로, 학교, 병원을 위해 내야 하는 세금은 그로부터 얻게 될 혜택에 비해 훨씬 더 직접적이고 나 개인에게 부과되는 것처럼 보이며, 해당 서비스에 드는 수십억의 비용을 생각하면 내가 내는 세금은 바다의 물 한 방울처럼 여겨지기도 한다. 또한 민주주의가 그런 것처럼, 세금으로 얼마를 지불하였건 혹은 아예 지불하지 않았건 해당 재화를 이용할 수 있는 기회는 모든 시민들에게 열려 있다. 물론 예시로 든 재화들은 어느 정도의 배제가 가능하기에 엄밀한 의미에서 공공재라고 부를 수는 없겠지만, 실제로 누군가를 배제하려면 비효율뿐만 아니라 불의를 감수해야 한다. 그뿐만 아니라, 우리는 모두 좋은 교통 시스템이나 건강하고 잘 교육받은 인구로부터 발생하는 혜택들, 그리고 우리와 마찬가지로 개인적 안전을 누리고 있는 타인들이 존재하기에 누릴 수 있는 혜택들을 다양한 방식으로 간접적으로 누리고 있다. 그렇기에 사람들은 언제나 자신이 돈을 낸 만큼 돌려받고 있는지, 혹은 받아야 할 마땅한 몫에 비해 더 많이 기여하고 있는 것은 아닌지 자연스레 궁금증을 갖게 된다. 이러한 문제는 사람들이 다른 이들과 연대감을 거의 느끼지 못할수록, 혹은 다른 이들을 믿을 만하다 여기지 않을수록 더욱 부각될 것이며, 특히 대부분의 사회적 권리를 위한 재분배 조치를 시행할 때 더 심각해질 수 있다. 그런 상황에서는 더 확실한 단기적 이익을 얻기 위해 독단적이고 비협조적인 행동을 할 유인이 굉장히 커진다. 심지어 그러한 결정이 장기적으로는 공동체 전체뿐만 아니라 공동체를 버린 개인들에게도 더 비싼 비용을 치르게 하거나 이익이 줄어들게 하는 악효과를 유발한다 하더라도, 개인들은 그러한 유인에 넘어가게 될 것이다.

이러한 경향성은 발전된 민주주의국가들에서 뚜렷이 발견되는데, 부유한 시민들은 교육과 의료에서부터 연금과 개인 안전에 이르기까지 점점 더 많은 영역에서 공적으로 공급되는 서비스가 아니라 개인적인 해결책을 모색하고자 한다. 그 사람들은 자녀를 사립학교에 보내려 하고, 민간 의료보험에 가입하고, 외부인 출입을 제한하는 단지를 순찰할 사설 경비업체를 고용하고, 공공서비스를 위해 쓰이는 세금을 적게 내기 위해 애쓴다. 그러나 그로 인한 전체적인 결과는 다양한 민간 보험제도의 확산이 불러오는 비효율로 인한 교육, 의료, 경비에 대한 비용 상승이며, 손상된 공공서비스는 값비싼 대가를 치러야 하는 또다른 사회적 문제들—제대로 교육받지 못한 건강하지 못한 노동력, 더 많은 범죄 등—을 불러일으킨다.

그동안 정부는 이러한 변화에 크게 네 가지 방식으로 대처해왔다. 첫번째, 위에서 언급한 서비스 중 일부를 형식적으로라도 시장에서 공급되도록 한다. 그동안은 기술적으로 불가능하거나 도덕적으로 옳지 못하다는 이유로 '공공재'의 혜택으로부터 특정 사람들을 배제하지 못했고, 그로 인해 기본적인 시장의 유인방식이 제대로 작동할 수 없었다. 기업 입장에서는 상품을 구매한 사람들만 그것을 향유하게끔 제한하지 못한다면, 더 낮은 가격이나 더 좋은 질의 상품을 통해 고객을 두고 경쟁을 할 이유가 없기 때문이다. 정부는 이런 문제를 해결하기 위해서 주기적으로 공공서비스에 대한 공급계약을 두고 기업들이 경쟁하게끔 하였으며, 시민들에게 고객으로서의 권리를 보장해주고자 노력해왔다. 이 과정에서 정부는 국가의 역할은 서비스 제공자가 아니라 규제기관임을 강조한다. 정부의 목표는 관련 서비스를 제공하는 계약자가 공공기관이든 민간기관이든 관계없이 적정한 수준의 서비스를 제공할 수 있도록 보장하는 것이 된다. 이런 방식을 통해 정부는 서비스를 구매할 때와 마찬가지로 지불한 금액에 걸맞은 서비스를 제공하고 구매자의 요구에 부응하기 위해 충분한 관심을 기울이고 있음을 시민들에게 다시 한번 확신시켜주고자 노력한다. 두번째 방식은 위와 같은 전략을 보완하는 방식으로서, 시민들 특히 국가 서비스의 순 수혜자들의 책임을 강조하는 방법이다. 예를 들어 여러 국가에서는 사회보장제도의 혜택을 받고 있는 사람들에게 일자리를 적극적으로 찾고, 재교육에 참여하고, 다양한 지역사회 봉사활동을 할 의무를 부과해왔다. 이러한 수단을 통해 정부는 순 기여자들에게 사회의 모두가 각자의 몫을 다하기 위해 노력하고 있으니 공동의 협력체계에 대한 헌신을 거두지 말 것을 설득하고자 노력한다. 셋째로, 정부는 선거 정치에서 벌어지는 행위들에 대해서도 더욱 시장주의적인 접근방식을 도입하기도 한다. 마치 소비자 시장조사를 하듯 시민들의 선호도를 조사하고, 브랜딩과 광고를 통해 유권자들에게 지지를 호소한다. 마지막으로, 정부는 공익을 위해 공권력을 사용하는 데 대한 냉소를 극복하기 위해, 경제적·정치적 시장에서 기준을 설정하거나 규제를 가하는 일을 비정치화하기도 한다.

이러한 정책들은 좋은 결과를 낳기도 했지만, 나쁜 결과를 낳기도 했다. 대체적으로 가스, 전기, 통신처럼 완전한 시장화가 가능한 영역이나 좋은 서비스의 기준과 그를 달성하는 방

2. 부유한 사람들은 공공재를 함께 만들어내는 일에서 자꾸 빠지려고 한다.

법이 매우 명확한 영역에서는 위와 같은 정책들이 큰 성공을 거두었다. 반면, 의료나 교육같이 공공서비스의 제공 목적이 경제적인 만큼 도덕적이기도 하고 사적인 해결방식을 동원하는 것이 비교적 쉬운 영역에서는, 발전된 민주주의국가 대부분에서 일군의 사람들이 공공서비스로부터 이탈하고 있고, 그로 인해 공공서비스 전반의 퇴조 현상이 나타나고 있다.

한편 정치에 대한 환멸은 커져만 갔다. 시민들은 점점 정치인이 자신들의 표를 위해서라면 어떤 일이든 감수할 것이며, 권력을 잡는 순간 그것을 이기적이고 부적절하게 사용할 것이라고 생각하게 되었다. 사회집단 간의 불평등이 심화됨에 따라 시민들 사이의 연대감도 줄어들었다. 교육 수준이 높고 부유한 사람들은 정부와 정치인들에게 더 많은 영역에서 손을 떼라고 압박을 넣고 있고, 어떤 상황이든 단결하는 것이 더 어려울 수밖에 없는 빈곤한 사람들 역시도 점차 정치로부터 멀어지고 있다. 여기에는 이중적인 문제가 있는 것 같다. 한편으로는, 시민들은 민주정치에 대해 점차 소비자 중심적이면서도 비판적인 시각을 갖게 되었다. 시민들은 다른 사람들과 동료 시민들, 정치인들, 그리고 공공영역에 있는 사람들 역시 이기적으로 행동할 것이라 가정하면서, 스스로도 점점 더 자기중심적인 입장을 취하게 되었다. 다른 한편으로는, 정치인들 역시도 시민들을 소비자에 가까운 방식으로 대하게 되었으며, 가능한 한 공공영역을 모두 시장화하는 동시에 자신이 마치 기업의 수장인 양 행동하게 되었다. 두 현상 중 무엇이 더 먼저 발생한 것인지에 대해서는 의견이 갈릴 수 있겠으나, 이 두 현상이 서로를 부추기면서 민주정치에 대한 환멸을 더 불러일으켰다는 데에는 대부분이 동의한다. 이제 정치는 더 이상 모두에게 혜택이 돌아가는 공공의 이익을 추구할 수 있도록 시민들을 한데 모으는 방법으로 여겨지는 것이 아니라, 사람들이 각자의 사익을 추구하는 데 있어 비효율적인 메커니즘으로 여겨지고 있다.

세계화는 이러한 정치적 불만의 근원이 되는 현상들을 더욱 부추기는 것으로 인식되어왔다. 기존에 존재하던 시민들의 불만과 정치적 수단이 갖는 결점에 대한 확고한 생각들에 '범죄로부터의 안전에서부터 통화안정에 이르는 많은 공공재는 오직 국제적인 메커니즘을 통해서만 확보될 수 있다'는 생각까지 더해진 것이다. 하지만 국제기구는 시민들로부터 훨씬 동떨어져 있을 수밖에 없다. 크기도 크기인데다, 공유하는 문화나 공통점이 거의 없을 뿐만 아니라 직접적인 교류도 거의 없는 크고 다양한 집단들 간에 연대감을 느끼기란 어려울 수밖에 없다. 그 결과 근시안적인 개인적 행동들이 훨씬 더 많이 발생하게 된다. 간단히 말해 매일매일 만나고 가까운 미래에도 계속해서 교류할 사람들을 속이는 것보다 생판 모르는 낯선 사람을 속이는 것이 훨씬 쉽다는 뜻이다. 사회가 점점 더 복잡해지고 세계화될수록, 우리는 서로에게 더 낯선 타인이 된다. 정치인에게 영향을 끼치거나 책임을 묻는 일도 훨씬 더 어려워진다. 선거에서의 한 표는 몇천 개 중의 하나가 아니라 몇백만 개 중의 하나가 되며, 권력을 쥔 사람들에게 영향을 미칠 정도로 충분히 규모가 큰 집단을 이해관계나 관심사를 공유하는 다른 사람들과 함께 조직하는 것도 더욱 어려운 일이 된다. 또한 앞서 언급했듯, 시장을 통한 해결방식이나 약한 형태의 비정치적 규제가 공동의 정치적인 해결방식에 비해 훨씬 더 효과적이고 공정한 방법인 것처럼 여겨지고 있다.

세계에서 가장 발달된 국제기구인 유럽연합을 살펴보면, 위와 같은 딜레마와 그에 대한 대응이 어떻게 이루어져왔는지를 모두 엿볼 수 있다. 유럽연합에는 선거 시스템과 의회 모두 존재하지만, 유럽의회의 정치인들은 별로 신뢰받고 있지 못할 뿐만 아니라 거의 알려지지 않았다. 유럽의회 선거의 투표율도 회원국의 전국 단위 선거 투표율에 비해 훨씬 낮으며 역시 점차 감소하는 추세이다. 전반적으로 시민들은 여전히 국가 혹은 국가 하위집단에 대한 충성심을 느끼고 있으며, 유럽연합을 바라볼 때 주로 자신이 속한 국가나 경제적 집단에 도움이 되는지에 국한된 매우 이해타산적인 관점으로만 접근한다. 대부분의 유럽의회 정당들은 유럽의회 내에서 각 국가 정당들의 투표 연합(block)처럼 존재하고 있으며, 유럽 단위의 시민단체 대다수는 매우 규모가 작고 회원 수도 거의 없는 '브뤼셀에 기반을 둔 로비 단체'에 불과하며, 예외 없이 유럽연합에 자금을 의존하고 있다. 한편 유럽연합은 '유럽적' 가치—유럽연합이 보장하는 권리 혹은 효율적이고 효과적이며 공평하고 비정치화된 경제적 규제자로서 유럽연합의 역할—에 호소하는 등 비정치적인 수단을 통해 스스로의 가치를 입증하고자 노력하고 있다.

유럽연합에서 벌어지는 일들은 유럽 바깥에 있는 미국, 캐나다, 오스트레일리아, 뉴질랜드 등의 많은 선진 민주주의국가에서 일어났던 일들을 그대로 보여주고 있다. 시민적 태도의 쇠퇴 및 투표율 감소에 대한 우려는 '사회적 자본'—사회적 자본이란 로버트 퍼트넘(Robert Putnam)이 더이상 팀을 이뤄 볼링을 치러 가지 않고 혼자서 볼링을 치러 가는 미국인들을 관찰하는 과정에서 도출한 개념으로, '다른 사람들과 협력하고 함께하고자 하는 습관'을 뜻한다—의 붕괴에 대한 우려를 낳고 있다. 늘어난 이민과 점차 확산되고 있는 다문화주의 역시 공통된 문화에 기반한 공동체의식을 감소시킬 것이라는 이유로 두려움의 대상이 되고 있다. 그로 인해 정부는 학교에서 이루어지는 시민권 교육을 훨씬 더 강화함으로써 국가적, 시민적 소속감을 함양하고자 노력하고 있으며, 귀화를 원하는 이민자들에게도 그러한 소속감을 심어주기 위해 노력하고 있다. 이러한 교육들은 좁은 의미에서의 정치적 문화, 즉 민주적인 감각을 가르친다기보다는 넓은 범위에서의 민족(national) 문화를 강조한다. 또한 정부는 점차 더 많은 영역에서 중요한 결정들을 비정치화해왔다. 이자율을 결정하는 권한을 중앙은행에 넘기고, 권리를 수호하는 문제에 있어서 헌법재판소의 결정을 존중할 것을 강조하며, 독립적인 규제기관을 활용하여 가스나 수도와 같은 공공사업뿐만 아니라 수감 정책을 비롯한 더 많은 사회적, 경제적 영역을 관리한다. 이러한 방식으로 그들은 시민권의 세 가지 요소 중 성원권과 권리를 나머지 요소인 참여로부터 분리하기 위해 노력해왔다.

하지만 이러한 시도가 효과적일 것이라는 보장은 없다. 정치공동체와 권리는 둘 다 시민들의 활동에 의해서만 구성되고 유지된다. 사람들은 사회생활을 좌우하는 공동체의 규칙, 정책, 그리고 정치인들에게 영향을 끼칠 수 있는 능력을 통해 다른 사람과의 관계, 그리고 국가와의 관계를 만들어나가는 데 참여하고 있다고 느낄 때에만 서로에게 그리고 법에 의해 엮여 있다고 느낀다. 실제로, 그러한 능력 없이는 시민적으로 동등할 수 없다고 믿을 만한 충분한 근거가 있다. 시민권은 정치적 참여를 통한 시민다운 행위의 산물이므로, 단순히 정치공동체나 권리 자체에 호소하는 것만으로는 시민권을 창출해낼 수 없다. 정치적 참여 없이는 정치공동체나 권리에 대해 어떠한 소유의식도 느끼지 못할 것이기 때문이다. 시민권을 구성하는 세 가지 요소는 모두 있어야만 비로소 작동하고 하나라도 빠지면 무너지게 된다.

지금까지 살펴본 것처럼 사회적, 경제적 변화와 이에 대한 정치적인 대응들 모두 시민권의 가능성을 시험하고 있다. 앞으로 시민권이 마주하게 된 이러한 어려움들을 차차 살펴볼 예정이다. 2장에서는 고대 그리스의 도시국가에서부터 20세기의 국민국가에 이르는 동안 시민권이 어떻게 역사적으로 발전해왔는지를 훑어볼 예정이다. 이러한 역사는 많은 점에서 시민권에 대한 현재적 논의의 재료가 되어준다. 3, 4, 5장에서는 시민권의 세 가지 요소인 소속 여부, 권리, 참여를 순서대로 다루고, 각각의 요소들이 어떻게 변천하면서 오늘날 시민권의 성격뿐만 아니라 실현 가능성까지도 변화시켰는지를 살펴볼 예정이다. 나는 이 책 전반에 걸쳐 시민권의 세 가지 구성 요소를 하나의 패키지로 봐야 하며, 특히 정치적 참여가 이들을 서로 붙여주는 필수불가결한 접착제의 역할을 해준다는 것을 강조하고자 한다.

제 2 장

시민권 이론과 그 역사

시민권에 대한 다양한 이론들은 크게 두 가지로 구분될 수 있다. 하나는 시민이라면 이상적으로 가져야 하는 권리와 의무를 제시하고자 하는 당위적 이론이며, 나머지 하나는 실제로 시민들이 현재 갖고 있는 권리와 의무들을 어떻게 갖게 되었는지를 묘사하고 설명하고자 하는 경험적 이론이다. 두 가지 유형의 이론은 각기 다른—하지만 서로 관련된—방식으로 역사에 기대어 있다.

당위적 이론이 역사를 들여다보는 이유는 좋은 시민의 이상을 탐구하기 위해서이다. 시민권에 대한 과거의 논의들은 시민이 된다는 것이 무엇인지를 고찰하는 방식에 영향을 끼칠 수밖에 없으며, 시민권의 속성과 장점들—누가 시민인지,

국가나 동료 시민들이 시민에게 어떤 상황에서 어떤 기여를 하기를 기대하는지, 시민들은 동료 시민이나 국가에게 언제 어떤 것을 기대할 수 있는지 등—에 대한 견해를 담고 있는 일종의 스크랩북이 되어준다. 그로 인해, 시민권에 대한 오늘날의 당위적 이론들은 과거의 관점들에 맞서 내용을 면밀히 검토하고 검증하려는 경향이 있다. 오늘날 시민권에 대한 가장 탁월한 설명을 이끌어내기 위해, 과거 이론들이 갖고 있는 논리적 비일관성을 지적하기도 하고, 시대착오적이거나 바람직하지 않은 면의 근거가 되는 요소들을 제외하기도 하며, 일부 내용을 윤색하거나 현재의 상황을 논의함에 있어 필요한 요소들을 더하기도 한다. 예를 들어, 군복무는 과거의 시민권에 있어서는 필수불가결한 요소였으나, 요즈음의 논의에서는 점차 제외되고 있는 추세이다. 하지만 훌륭한 시민에 대한 과거의 이론들에서 역시 중요하게 다뤄졌던 애국주의나 국민들 간의 강한 일체감, 즉 국가를 위해 기꺼이 목숨을 바칠 수 있게끔 만드는 이유들은 3장에서도 이야기하겠지만, 아직도 많은 후대의 논의들에서 시민권의 중요한 자질로서 언급되고 있다.

이와 대조적으로, 경험적 이론들은 역사를 통해 서로 다른 시간과 장소에서 시민권을 탄생하게 한 사회적, 경제적, 정치적 과정들과 시민으로서의 지위가 다양한 집단의 사람들에게 부여되어온 방식들을 탐색하고자 한다. 즉, 경험적 이론들은 주어진 상황에서 어떻게, 왜 시민권이 등장하게 되었고 특정한 형태를 띠게 되었는지를 이해하고자 한다. 하지만 이러한 논의가 순수하게 설명적이기만 할 것이라 생각하는 것은 오산이다. 내적으로든 외적으로든 경험적 이론들은 예외 없이 특정한 당위적 이상들로부터 추동되었다고 할 수 있으며, 특정한 당위적 가능성이 실현되거나 좌절되는 방식을 규명하는 데 초점을 맞추고 있다. 실제로 당위적 이론은 시민권을 창출한 다양한 사회적, 정치적 행위자들의 요구와 행위에 정당성을 부여하고 그것들을 설명해냄으로써, 시민권에 대한 설명적 이론들 안에서도 독립적인 역할을 수행한다. 고대 그리스와 로마의 사람들은 시민권의 이상에 대해 현재의 우리와는 매우 다른 시각을 갖고 있었다는 사실을 통해 당대의 사회가 왜 그렇게 형성되어 있었는지 설명하는 것이 가능해지는 것처럼 말이다. 하지만 동시에 고대 사람들이 상술해놓은 이상은 많은 후대의 사상가와 활동가들에게—현대에 이르기까지—각자가 살았던 다양한 사회 속에서 시민권이 작동하거나 정의되는 방식을 변화시킬 동력을 제공하기도 했다.

이번 장에서 당위적 이론이든 경험적 이론이든 시민권에 대한 이론의 전 범위를 면밀히 다루는 것은 불가능하다. 그 대신 여기에서는 오늘날 토론에서 가장 두드러지게 등장하는 이론들을 집중적으로 살펴보고자 한다. 우선 역사적으로 중요한 두 개의 당위적 이론을 살펴보고, 이후의 계승 발전 과정, 그리고 현대적 변용들을 살펴볼 예정이다. 앞으로 살펴보겠지만, 시민권에 대한 주된 '모델'들은 고대 그리스와 로마에 대부분 뿌리를 두고 있으며, 이러한 두 개의 '고전적' 논의는 이후 등장한 다양한 담론들의 사상사적 위상을 파악하게끔 하기도 한다. 그다음으로는, 가장 영향력 있는 경험적 이론들, 즉 서유럽 국민국가에서의 민주적 시민권의 발전을 다루고 있는 이론들로 논의를 옮겨갈 것이다. 이러한 이론들은 제2차세계대전 이후 등장한 민주적 복지국가를 시민권에 대한 두 가지 주요한 당위적 모델의 부분적 실현이자 종합으로서 바라보겠다는 당위적 목적을 갖고 있기도 하다. 나머지 부분에서는 주로 이러한 당위적 모델들이 여전히 시민권의 범주와 본질에 대한 논의를 더욱 발전시키는 원동력으로서 작동할 수 있는지, 혹은 그것이 가히 포기하고 싶은 생각이 들 만큼 달성 불가능하고 아마도 바람직하지 못한 열망을 반영하고 있는 것은 아닌지에 대한 논쟁을 다룰 예정이다.

시민권의 두 가지 모델

지성사를 연구하는 포콕(J. G. A. Pocock)은 그리스와 로마의 시민권에 대한 묘사가 시민권에 있어 고전적인 모델이 될 수 있는 이유는 그 시기가 단순히 역사에서 '고전적인' 시기에 속하기 때문만이 아니라 이후 이루어지게 될 논의의 조건들을 형성하고 있기 때문이라는 점을 주장한 바 있다. 시민권에 대한 소위 그리스 모델은 주로 아리스토텔레스의 저작과 아테네의 정치체제에 대해 알려져 있는 사실들로부터 기인하며, 기원전 4, 5세기 스파르타의 정치체제와도 어느 정도 관련이 있다.

그리스 모델의 주요한 특징은 통치자[1] 혹은 법의 제정자로서의 시민의 평등이다. 기원전 510년부터 27년까지 이어진 로마공화정의 옹호자와 분석가들의 저작을 보면, 그리스 모델과 그것의 로마공화정식 변형은 정치적 참여를 시민권의 결정적 요소로서 강조하는 시민권 이론에 강한 영향을 끼쳤다. 반면, 포칵은 그가 시민권의 로마 모델이라고 부르는 것을 로마제국에서 찾는다. 로마 모델의 주요한 특징은 법 앞에서의 평등이며, 이는 로마제국의 모든 신민들에게까지도 적용되는 것이었다. 이러한 논의는 법적 지위의 평등을 시민권의 주요 요소로 보는 이후 이론들에 영향을 끼쳤다.

분명히, 시민권에 대한 역사를 이러한 두 가지 모델로만 설명해내는 것은 지나치게 도식적인 측면이 있다. 그러나 여전히 후대의 사상가들이 두 가지 모델에 집중해서 관련 내용을

3. 시민권의 그리스 모델을 논의한 사상가인 아리스토텔레스.

소환하고, 지나간 과거를 그리워하고, 내용을 다듬고 업데이트하고, 둘을 비판하면서 새로운 시작의 필요성을 주장하는 것 역시 사실이다. 게다가 시민권에 대한 오늘날의 사유방식과 이론화 방식들의 대부분은 둘 중 하나의 모델을 정교화하고 두 모델 간의 긴장을 극복하려는 시도이다. 그러므로 이러한 모델을 렌즈로 삼아 서양정치사상에서의 시민권 전통을 들여다보려는 시도는 역사학의 측면에서는 다소 문제가 있을지라도, 역사기록학(historiography)—특정한 사람들이 과거에 대해 어떠한 생각을 갖고 있었는지를 추적하는 것—의 측면에서는 타당한 시도라고 할 수 있다.

(1) 동등한 참여로서의 시민권: 고대 그리스와 로마공화정

앞서 언급했듯 그리스 모델은 아리스토텔레스의 저작, 그중에서도 기원전 335년에서 323년 사이에 쓰였으리라 여겨지는 『정치학』에 언급된 시민권 논의로부터 많은 영향을 받았다. 아리스토텔레스는 인간은 정치공동체를 이루고 사는 것이 본성이기에 곧 '정치적 동물'[2]이며, 오직 도시국가를 의미하는 폴리스(polis) 안에서만 인간의 잠재력이 완전히 실현될 수 있다고 주장하였다. 하지만 폴리테스(polites), 즉 시민의 자질을 갖춘 일부 사람들만이 아리스토텔레스가 삶의 본성적 상태라고 믿었던 방식에 들어맞게 행동할 수 있었다. 아리스토텔레스가 이러한 선택된 집단의 구성원이 갖춰야 한다고 믿었던 자질이나 그들에게 기대했던 의무들은 둘 다 오늘날에는 약간 맞지 않는 부분이 있다고 여겨지지만, 그 내용들은 시민권의 역사와 시민권에 대한 오늘날의 사유방식의 기저를 이루는 근본적인 논거들에 큰 영향력을 미치고 있다.

당시 시민이 되기 위해서는 20세 이상의 남성이어야 하고, 부모 양쪽이 모두 아테네의 시민인 가정에서 태어나야 하며, 한 가정의 가장(가정경영인)[3]이자 무기를 소지하고 있고 전투할 수 있는 능력을 갖춘 전사여야 하고, 다른 사람의 노동력, 특히 노예들을 관리하는 주인이어야 했다. 즉, 성별과 인종, 그리고 계급이 시민권을 결정지었던 셈이며, 다음 장에서도 살펴보겠지만, 시민권에 대한 오늘날의 주된 논의들 중 대부분은 해당 요소들이 어디까지 유효할 수 있는지를 다루고 있다. 위의 기준에 따라 고대 그리스에서는 많은 사람들, 즉 여성들(결혼한 아테네 여성은 혈통을 따질 때에 있어서만큼은 시민으로 간주되긴 했지만), 아이들, 이민자 혹은 거류 외국인(metic, 몇 세대에 걸쳐서 아테네에 정주하고 있는 가족들도 여기에 포함되며, 그들은 법적으로 자유롭고 세금을 납부해야 했고, 병역의 의무도 져야만 했다), 그리고 무엇보다도 노예들이 배제되어 시민의 지위를 누리지 못했다. 아테네에서 시민의 숫자는 3만 명에서 5만 명 사이에서 오갔던 것으로 추정되며, 노예의 숫자는 대략 8만에서 10만 명으로 추산된다. 시민권은 상당히 중요한 것임에도 소수만이 향유할 수 있었다. 하지만 시민들에게 요구되었던 높은 기대 수준을 생각했을 때 이는 불가피한 일이기도 했다. 절대 사소하다고 볼 수 없는 시민으로서의 의무를 수행할 수 있는 능력을 위해서는 인구의 다수, 특히 여성과 노예가 시민들이 일상을 영위할 수 있도록 뒤치다꺼리를 해야만 했다.

아리스토텔레스는 시민을 '지배하는 동시에 지배받는 시민적 삶에 있어 책임을 나눠지는 모든 사람들'이라고 묘사하였다. 아리스토텔레스는 도시국가마다, 그리고 같은 도시국가라 하더라도 각기 다른 시민의 범주에 따라, 시민이 의미하는 바에 차이가 있을 수 있다는 것을 알고 있었지만, 시민권에는 '심의·의결하고 판결하는 관직에 참여할 수 있는 권리'가 어느 정도 내포되어 있다고 생각했다.[4] 아테네에서 이러한 권리는, 적어도 1년에 최소 40회 정도 열리고 6,000명의 시민이 모여야만 정족수가 달성되는 민회에 참여하는 것, 그리고 30세 이상인 시민의 경우에는 배심원으로 활동하는 것—일반적으로 배심원의 숫자는 201명 혹은 그 이상이고, 특정한 경우에는 501명을 넘는다는 점을 감안했을 때 이는 꽤 빈번하게 수행해야 하는 책임이었다고 할 수 있다—을 의미했다. 모든 중요한 안건들은 민회에 제출되었으며, 여기에는 전쟁 선포와 강화, 동맹 체결, 치안 유지, 재정과 조세 문제가 모두 포함되었다. 또한 아테네에는 **데메**(deme)라고 불리는 140개의 행정 구역이 있었으며, 각 지역에는 모두 지역 문제와 규칙에 대한 공적 논의를 할 수 있는 **아고라**(agora)라는 집회 장소가 마련되어 있었다. 민회나 집회에 참여하는 것과 달리 적어도 배심원 업무에는 보수가 지불되긴 했지만, 배심원은 해당 보수를 정기적 수입원으로 삼거나 매수되지 않겠다고 나선 사람들 중에서 추첨을 통해 선정되었다.

한편, 많은 시민은 특정 기간에 공직을 맡는 일 역시 피할 수 없었다. 민회에서 선출된 후 임무를 성공적으로 수행한다면 여러 차례 연임할 수도 있는 장군을 제외하고는, 모든 공직은 추첨에 의해 결정되었고 통상적으로 임기는 1년 혹은 길어야 2년이었다. 이러한 방식으로 공직을 배정하는 이유는, 비록 임기가 짧다는 면에서나 서로 다른 기관 간의 견제가 이루어진다는 면에서 매우 제한된 권력이기는 해도, 모두가 정치권력을 행사할 수 있는 동등한 기회를 가질 수 있도록 하기 위함이었다. 시민들은 거주지를 근거로 해서 10개의 **트리부스**(tribus)로 편성되었고, 1년에 한 번씩 각 트리부스에서는 데메에서 선출된 후보들 가운데서 추첨으로 50명의 의원(councillor)을 뽑아 1년 임기의 500인 평의회(the Council of 500)[5]를 구성했다. 의원들은 임기 중 10분의 1은 법안을 제시하는 50인 회의(Committee of 50)에서 활동했으며 그중 하루는 회의의 의장으로 활동하였다. 매일매일의 행정업무는 공직을 맡았던 사람들 중 매년 추첨으로 선출된 1,200명의 행정관(magistrate)이 담당하였으며, 임기는 1회 연임만 가능하도록 제한되었다. 모든 공직에는 보수가 지불되었지만, 추첨으로 선출된다는 점과 짧은 임기를 생각한다면 직업 정치인은 존재할 수 없었다. 하지만 시민이 수행해야 할 군복무와 지역사회 문제에 대한 참여까지 생각해본다면, 시민 그 자체가 거의 직업이라고 봐도 무방했다.

아테네는 다른 그리스 도시국가들에 비해 대단히 민주적이라는 점에서 이례적이었다. 아테네에 주기적으로 거주했을 뿐 그곳에서 출생하지는 않았기에 아테네 시민이 아니었던 아리스토텔레스도 귀족정 요소와 군주정 요소가 섞여 있는 혼합된 민주주의 시스템[6]을 선호한 바 있으니 말이다. 하지만 그러한 혼합된 민주주의 시스템하에서도 시민권은 꽤나 부담스러운 자격으로 묘사된다. 한 예로, 아리스토텔레스는 그의 스승인 플라톤의 경우보다는 논란의 여지가 있기는 하지만, 훨씬 더 금욕적인 스파르타의 시민적 행동양식에 대해 어느 정도 동경을 갖고 있었다. 예술, 철학, 여가의 함양이 훨씬 더 찬양되었던 아테네와는 달리, 스파르타에서는 병역의 의무를 다하는 것이 그 어떤 것보다도 강조되었다. 스파르타의 아이들은 7살이 되면 혹독한 훈련을 받기 위해 가족들과 떨어져 지내야 했으며, 그 이후에는 '공동숙소(mess)'에 배정되어 생활하였다. 스파르타의 시민들 역시도 민회에 참여해야 할 의무가 있었다는 점을 고려한다면, 아테네의 시민들에 비해 훨씬 더 영구적인 공복(公僕)이 되는 셈이었다. 실제로 플라톤이 스파르타에 대해 특히 동경했던 부분이 바로 이처럼 사익추구를 할 수 있는 기회가 매우 제한되어 있다는 점이었다.

아리스토텔레스는 이러한 형태의 시민권은 매우 작은 국가에서만 가능할 것이라는 점을 알고 있었다. 단순히 모든 사람들이 돌아가면서 다스릴 수 있어야 하고, 전문적인 관료제나 정치 계급 없이도 정부의 업무가 잘 수행될 수 있을 정도로 업무가 간단해야 하기 때문만이 아니라, 오직 소규모의 공동체에서만 위와 같은 시민적 덕성이 함양될 수 있기 때문이다. 비록 아테네 사람들이 이견을 조정하기 위해 투표에 부치는 방법을 고안해내긴 했지만, 만장일치가 그들의 이상(ideal)이었으며 대부분의 경우에는 토론을 더 길게 해서라도 전체의 동의를 얻어낸 후에야 비로소 결정이 가능했던 것으로 보인다. 아리스토텔레스는 이러한 일치된 마음(concord), 즉 **호모노이아**(homonoia)는 긴밀하게 결합된 공동체[7]에서 함께 살아갈 때만 만들어질 수 있는 시민들 간의 시민적 친애의 형태에 달려 있으리라 짐작했다. 시민들은 서로를 알아야 하고, 가치를 공유해야 하며, 공동의 이해관계를 가져야 한다. 그래야만 주어진 관직에 가장 적절한 자질이 무엇인지에 대해서 합의할 수 있을 뿐만 아니라 그 관직에 걸맞은 사람을 선택할 수 있고, 논쟁적인 권리들의 문제를 조화롭게 풀어나갈 수 있으며, 공동의 정책을 만장일치로 채택할 수 있게 된다. 그뿐만 아니라 만장일치가 가능하려면 정의감을 지니고, 자제력을 발휘해 극단을 피할 줄 아는 절제력을 갖추고, 신중한 판단을 내릴 능력을 가지고 있으며, 애국심을 갖고 행동하는 시민들이 존재해야 하며, 이런 시민들은 사익보다 공공의 이익을 더 우선시하고, 위험 앞에서도 특히 군사적인 위협 앞에서도 용감할 수 있다. 요약하자면, 시민은 '단지 자신에게만' 속해 있어서는 안 되고, '폴리스(polis)'에도 속해 있어야 한다.

그리스 모델에서의 시민권은 소수만 누리는 특권이었으나, 정부에 대한 상당한 수준의 대중적 통제를 가능하게 했다. 물론 민회나 평의회는 고귀한 혈통을 가졌거나 부를 가진 사람들에 의해 장악되었을 가능성이 높다. 덧붙여, 아리스토텔레스의 화합에 대한 이상이 현실과는 꽤나 거리가 있었으며, 심지어 아테네에서도 그렇지 못했던 것 역시 사실이다. 아테네에도 서로 다른 계급과 파벌들 간의 지속적인 긴장관계가 존재했으며, 이견들은 종종 격렬했을 뿐만 아니라 인신공격이 오가기도 했고, 이는 도편추방제를 통해 적을 물리적으로 제거하거나 반역죄를 덮어씌워 처형하는 결과로 이어지기도 했다. 그럼에도 불구하고 시민의 자격을 갖춘 사람들이 실제로 지배했던 것은 사실이며, 그 덕에 인민(demos)이 지배한다(kratos)는 뜻을 가진 그리스어 데모크리티아(demokratia)로부터 '민주주의'라는 말이 탄생했다.

그런 점에서 그리스 시민권은 후대의 많은 사상가에게 정치적 평등, 즉 시민들이 동등한 정치적 권력을 지니고서 동등한 배려와 존중을 보이며 서로를 대할 수 있는 진정한 조건의 완벽한 본보기처럼 여겨졌다. 그러한 시각을 지닌 사상가들은 정치적인 과업을 전문적인 정치인이나 공무원에게 위임하려는 경향을 정치적 자유와 평등이 사라져가는 징후라며 불안감을 갖고 바라보았고, 개인적인 문제를 해결하기 위해 공공의 임무를 방기하는 시민들이 어느 때보다 많아지자 그들의 근시안적 경향을 보며 한탄하기도 했다. 한편 그리스 모델의 비판자들은 이와는 정반대로, 그리스의 시민권은 전혀 가망이 없을 정도로 이상화된, 그야말로 이상에 불과하다고 주장하였다. 실제로 그리스 모델은 두 가지 측면에서 억압적이었다. 한편으로는 그것이 노예, 여성, 비시민 들에 대한 억압에 근거하고 있다는 점에서 그렇고, 또다른 한편으로는 시민들에게 국가를 위한 임무를 위해 사익을 희생할 것을 요구한다는 점에서도 그렇다. 앞에서 살펴보았듯 이 두 가지 형태의 억압은 서로 연결되어 있다. 누군가가 사적 생활에서의 뒤치다꺼리를 해주어야만 시민들은 공적인 삶에 헌신할 수 있다. 두 가지 형태의 억압은 또한 전체주의 정권의 특징이기도 하다. 전체주의 정권은 일반적으로 타인의 삶을 위해 일하는 비시민을 완전한 인간이 아닌 존재로 대하며, 시민들에게는 국가에 대한 충성을 요구할 뿐만 아니라 국가에 대한 완전한 동일시를 요구한다. 전체주의하에서의 모든 반대 의견들은 대안적 시선이나 타당한 지적으로 여겨지는 것이 아니라 사익추구의 증거로 간주된다. 이러한 체제는 억압적일 뿐만 아니라 대단히 비효율적일 가능성이 높다. 사회의 부가 창출되는 경제의 사적인 영역에서 사람들의 능력이 발휘되는 것을 불가능하게 만들기 때문이다. 개인 발전의 주된 통로를 공적 영역으로 한정하게 되면, 당초의 의도와는 달리 부패를 불러올 뿐만 아니라 또다시 사익을 위한 공권력의 남용이 발생하게 된다.

로마공화정과 로마제국은 위와 같은 면에 있어 정반대의 모델을 제시한다. 시민권에 대한 로마공화정식 모델은 종종 그리스 모델과 같은 것으로 여겨지기도 하지만, 둘 사이에는 비슷한 점도 있는 동시에 현저한 차이도 존재한다. 그리스 사회에서는 시민의 자질을 갖춘 사람들 간에도 사회적 계급이 존재하긴 했으나[8], 그들이 바라는 시민권의 이상은 계급과 사사로운 이익들을 한편으로 치워놨을 때 비로소 얻어낼 수 있는 '화합'을 꿈꾸는 계급 없는 사회였다. 이와 반대로 로마공화정은 신분 간의 불화[9], 그리고 귀족들(patricians)에 대항하여 권리를 얻기 위한 평민들(plebeians)의 투쟁으로부터 탄생했다. 로마공화정의 초기 역사에서 중요한 사건은 기원전 494년에 일어났던 아벤티노 언덕(Aventine Hill)—평민들의 이해관계를 대변해줄 수 있는 사람을 관직에 앉힐 수 있도록 평민과 귀족이 서로 상호 협력하겠다는 맹세를 하기도 했던 곳—으로의 '철수 투쟁'[10]인데, 이는 새롭게 생겨난 평민회(Plebeian Council, 플레브스 민회)에서 선출되는 직책이자, 모든 행정관(magistrates)의 결정에 대한 거부권을 갖고 있는 직책인 호민관의 창설을 불러왔다. 평민회는 이뿐만 아니라 상설 법정이 생기기 전까지 시민들 간의 소송 문제를 다루었으며, 가장 중요하게는 법안(plebiscita, 플레비스키타)을 통과시킬 수 있는 권한을 갖고 있었다. 처음에 이러한 법안은 오직 평민에게만 적용되었지만, 나중에는 모든 계급에 대해 적용되었다. 이외에도 대중이 선출하는 의회가 3개 더 있었는데, 하나는 가문 공동체에 근거를 두고 있었고, 하나는 군단(legion), 즉 켄투리아를 단위로 해서 소속 병사들이 선출하는 것이었고, 나머지 하나는 부족(tribal division) 단위로 이루어진 것이었다.[11] 하지만 이들 세 부류의 민회는 입법 권한보다는 사법 권한을 행사하였다.

로마의 시민들은 투표할 수 있었고, 위와 같은 기구들의 위원이 될 수 있었으며, 호민관과 행정관을 할 수 있는 자격도 갖추고 있었지만, 아테네의 시민들과 같은 정치적 영향력은 절대 갖지 못했다. 진정한 권력은 원로원(Senate)에게 있었다. 기원전 400년에 이르러 원로원의 의원들은 지위에 따라 결정되는 것이 아니라 대중에 의해 선출된 행정관들로 구성되었음에도 불구하고, 그들은 주로 귀족(patrician), 특히 행정부를 형성하는 집정관(Consul)과 같은 고위 행정관이었다. "Senatus Populusque Romanus"(로마의 원로원과 로마 인민이라는 뜻으로 종종 SPQR로 축약하기도 한다)라는 구호는 원로원과 민회를 구성하는 사람들 간의 동반 관계를 의미하지만, 실제 원로원과 인민은 항상 긴장 관계에 있었으며, 평민들의 영향력은 귀족들의 파벌 중 어떤 파벌을 지지하느냐에 따라 커지기도 하고 작아지기도 했다. 로마공화정에 대한 역사가인 마키아벨리와 이후 신로마 공화주의 이론가들이 지적했듯, 이러한 지속적인 계급 갈등은 공공선을 위한 사심 없는 봉사라는 그리스의 이상에 비해 정치와 시민권을 훨씬 더 수단적인 것으로 만들었다. 비록 키케로와 같은 로마 공화주의자들은 시민적 덕성을 그리스와 비슷한 방식, 즉 공무에 대한 사심 없는 헌신으로 묘사하면서 재물을 추구하는 것은 공직 안팎에서 부패의 근원이 될 수 있다고 경고하기도 했지만, 대표적인 공화정의 영웅인 킨키나투스—전설에 따르면 그는 공화정을 구하기 위해 쟁기를 버리고 떠났고 임무를 완수하자 다시 농장으로 돌아갔다고 한다—처럼 농촌에서의 수수한 삶의 방식을 기꺼이 따르고자 했던 사람은 매우 적었다. 실제 로마의 귀족들은 굉장히 부유했다.

마키아벨리가 보기에 로마의 경험이 주는 진정한 교훈은 귀족과 민중들의 이기적인 이해 추구는 오직 서로가 서로를 견제할 때만 억제될 수 있다는 것이었다. 로마공화정은 어떤 사람이나 기관도 다른 이들과 협력하지 않고는 권력을 행사할 수 없도록 하는 상호 제한 기제를 마련하였고, 그래서 모두 견제와 균형을 이룰 수 있었다. 이와 마찬가지로 서로의 결정에 거부권을 행사할 수 있도록 두 명의 집정관이 존재했으며, 비슷한 대항력을 가진 10명의 호민관이 있었고, 이중 어떠한 관직도 임기가 1년을 넘지 않았다. 이러한 방식의 권력 분할 필요성은 후대의 공화주의 이론가들에 의해서 정교화되었다. 이는 르네상스 이탈리아의 도시국가들, 그중에서도 특히 피렌체와 베네치아의 주요 특징이었는데, 권력분립을 주제로 한 마키아벨리의 저작들에 영감을 주었을 뿐만 아니라, 17세기 영국 내전 때의 헌정 토론과 18세기 네덜란드공화국의 정치적 구성에도 영향을 미쳤다. 매디슨을 비롯한 미국 연방주

4. 로마공화정의 시민권을 논의한 사상가인 마키아벨리.

의자들의 저작에서도 권력 분립은 미국 헌법의 주요한 요소로서 등장한다. 이러한 논의들의 밑바탕에는 시민권에 대한 현실주의적 시각이 깔려 있으며, 이러한 시각은 그리스적 관점에 비해 현대 민주정치에 더 쉽게 적용될 수 있다. 이러한 현실주의적 관점에서는 사익과 공익이 정면충돌하므로 사익과 관련된 모든 요소가 정치로부터 배제되어야 한다고 보는 대신, 사익 간의 충돌과 균형으로부터 공익이 탄생한다고 본다. 그렇다고 한다면 시민들은 정치에 참여해야 할 이해타산적인 이유를 갖게 된다. 일단 참여하고 그 의견이 수렴되어야, 공동의 결정사항에 자신의 관심사를 반영할 수 있기 때문이다. 경험적 이론들을 다루는 순서에서, 현대의 시민권이 실제로 타인과 동등하게 각자의 이해관계를 전달하고자 하는 다양한 집단 간의 투쟁을 통해 주로 발전해왔음을 살펴볼 예정이다.

(2) 동등한 법적 지위로서의 시민권: 로마제국부터 인권에 이르기까지

로마공화정이 제정으로 대체되면서, 시민권과 사익 간의 연결고리는 극적인 변화를 겪게 된다. 로마 시민권을 얻을 수 있는 자격은 처음에는 그리스의 시민권 획득 기준과 유사했다. 시민이 되기 위해서는, 본토에서 태어난 자유인의 적자이자 역시 본토에서 출생한 자유인이어야 했다. 로마의 영토가 점차 넓어지면서—처음에는 이탈리아반도 내에서 시작했지만, 이후 유럽 전반을 차지하고 나중에는 아프리카와 아시아에까지 이르면서—두 가지 중요한 변혁이 일어났다. 첫째, 점령지의 사람들에게 그들 고유의 정부형태를 유지할 수 있게—어떤 시민권의 종류[12]를 선택할지를 포함하여—허락하면서도 동시에 그들에게 일종의 로마 시민권을 부여하였다. 둘째, 이때 부여된 로마 시민권은 정치적인 것이라기보다는 법적인 것, 즉 '**투표권이 없는 시민권**(civitas sine suffragio)'이었다. 비록 로마 시민권이 법적인 것으로 축소되긴 했으나 이렇게 로마제국은 이중 시민권을 허용하게 되었으며, 그 결과로 법적 공동체와 정치적 공동체는 서로 구분되는 별개의 공동체가 되었다. 법의 영향권은 정치적 경계를 넘어섰으며, 주어진 영토적 경계와 반드시 일치할 필요가 없어졌다. 사도 바울의 유명한 사례를 인용해보자면. 팔레스타인에서 체포된 그는 스스로에 대해 자랑스럽게 '길리기아(Cilicia)의 다소(Tarsus)에서 태어난 유대인이자 그 유명한 도시의 시민'(사도행전 21:39)이라고 외쳤다. 하지만 그가 자의적인 처벌에 대항한 자신의 권리를 주장할 수 있었던 이유는 그가 다소에 있었기 때문이 아니라 로마의 시민이라는 별도의 지위를 갖고 있었기 때문이며, 그 덕분에 그는 채찍질로부터 벗어나 로마에

서의 재판을 청구할 수 있었다.[13]

아리스토텔레스적 이상에 따르면, 정치적 시민권은 경제적, 사회적 삶의 무게로부터 자유로운 것과 관련되어 있다. 그래야만 정치에 참여할 수 있고, 사익이 아닌 공익에 관심을 가질 수 있기 때문이다. 이와 반대로, 법적 시민권은 본질적으로 사적 이해관계와 그것을 보장하는 것과 관련되어 있다. 로마법 아래 법적 지위란 부동산, 더 나아가 소유물의 주인들에게 속한 것이었다. 이 소유물에는 노예도 포함되기에 자유인은 스스로를 소유한 사람인 셈이었다. 이처럼 법률은 오늘날까지도 이어져오듯, 우리가 우리 스스로와 우리의 것, 타인의 것을 어떻게 사용할 수 있는지, 그리고 타인들이 나를, 나의 것을 어떻게 사용하는지와 관련되어 있다. 사도 바울의 예시가 보여주듯이, 특정 법정에서 소송을 제기하거나 제기당할 수 있는 권리를 포함한 다양한 특권과 면책특권은 결코 사소한 것이 아니다. 그러나 법의 적용을 받는 사람이 법의 제정 과정이나 집행 과정에 참여할 필요가 없어짐으로써 법치(法治)가 인치(人治)로부터 분리될 수 있다는 사실은 장점뿐만 아니라 단점 역시 발생시킨다.

장점이라고 한다면, 법적 공동체가 그 안에 여러 개의 정치적 공동체를 포함할 수 있으며, 그를 통해 해당 공동체들의 통치자나 관료들이 책임을 지게끔 만듦으로써 법에 반하는 재량권 행사를 막을 수 있다는 점이다. 법은 범위에서나 규모에서나 보편적 적용이 가능하므로, 공간을 가로질러 서로 멀리 흩어져 사는 수백만 명의 개인들이 서로 관계를 맺고 물자를 교환하면서 사익을 추구하는 것을 가능하게 하고, 시간을 넘나들며 직접적 만남 없이도 유증(遺贈)과 같은 법정 행위도 가능하게 한다. 이처럼 스스로 통치하는 것이 아니라 법에 의해 통치받는 '법의 제국의 신민'이 되는 것에는 단점 역시 존재한다. 사실 법의 지배란 한 사람 혹은 여러 사람이 법을 활용해 지배하는 것과 진배없다. 법에는 다양한 집행 근거와 집행자가 있을 수 있으며, 다양한 법률과 법 체계는 다양한 사람들에게 적용되어 그로 인한 편익과 비용은 사람에 따라 각기 다를 것이다. 만일 법의 제국을 황제가 다스린다면, 법률은 대중에 의한, 대중을 위한 것이 아니라 제국적 통치의 수단이 될 위험성이 높다.

이러한 이유로 법의 근원을 한 인간이나 한 기관의 의지 너머에 있는 것으로 바라보고서, 그 근원을 자연 혹은 신의 의지나 이성과 같은 것들로부터 찾고자 하는 전통이 곧 등장했다. 이러한 논의는 모든 인간 공동체의 기본법이라는 이전과는 다른 지적 구조를 제공했다. 소위 기본법이라는 것은 절대군주나 인민을 포함한 모든 정치 지도자들을 구속할 수 있는 더 우월한 법 혹은 상위의 법으로 작동하며, 정치 지도자들이 통과시키는 어떤 법보다 우선적으로 적용된다. 기본법에 대한 이러한 묘사는 국제법, 특히 그중에서도 인권법에 지대한 영향을 끼쳤으며, 각 국가의 헌법에 대한 수많은 논의들의 바탕이 되고 있다. 4장에서 살펴보게 될 오늘날의 시민권에 대한 권리중심적인 이해에도 많은 영향을 끼쳤다. 하지만 이러한 논의는 항상 일반적인 법률들이 갖고 있는 동일한 문제에 봉착하게 된다. 일반적인 법률에서와 마찬가지로, 상위법 혹은 기본법 역시도 사람만이 그것을 해석하거나 집행할 수 있다는 점이다. 즉, 위에서 언급했듯 법치(法治)는 결국 인치(人治)를 통해서만 가능한 것이다.

상위법에 관한 이러한 지적 구조들 중 아마 가장 강력한—그리고 오늘날의 법 이론가와 정치 이론가들 사이에서 가장 영향력 있는—것으로 여겨지는 주장은 사회계약론으로, 법의 지배와 시민들의 지배를 사회계약이라는 이상 안에서 하나로 묶어내려는 사실상 불가능한 기획을 시도하고 있다. 이러한 주장은 17, 18세기에 국가 내에서 군주의 권력을 어떻게 정당화하고 제한할 것인가에 대한 논의로부터 등장했으며, 자기 자신의 소유주이자 세상의 공동소유자인 인간의 평등한 지위를 그 출발점으로 삼았다. 여기서 전제하고 있는 직관은 정당한 정치적, 법적 주권은 자유롭고 동등한 개인들이 만장일치로 동의할 만한 것이어야 한다는 것이다. 이론에 따르면 그러한 동의를 얻어낼 수 있는 권력이란 각자 자신만의 방식으로 원하는 것을 추구하고자 하는 공통된 이익을 보장할 수 있는 공정하고 동등한 메커니즘과 규칙들을 제공하는 권력이자, 그를 통해 상호 위해의 불확실성으로부터 우리를 자유롭게 해주면서도 그 자체로서도 우리에게 위협의 근원이 되지 않는 권력이다. 즉, 이러한 이론은 '공익을 지켜내기 위해 지배하는 동시에 지배받는 덕스러운 시민들의 평등'이라는 정치적 이상과 '법치에 의해 보호받는 사익을 추구할 권리의 담지자로서의 개인'이라는 법적 이상을 하나로 결합하고자 시도한 셈이다. 하지만 그렇다고 해서 정당한 주권체에 복종할 의무를 만들어내기 위해 시민들의 실제적 동의가 반드시 요구되는 것은 아니다. 이 지적 전통 아래 많은 이론가들은 실체적 동의를 요구하는 대신, 모든 시민들이 동의할 법한, 혹은 동의하지 않을 강력한 이유가 존재하지 않을 정도의 정치적, 법적 체계가 갖춰져 있는 것만으로도 충분하다고 보았다. 실제로 계약이라는 아이디어는 사람들을 동등하고 정당하게 대하는 정치적, 법적 체계와 원리들이 무엇인지를 고민하기 위한 수단에 불과한 것이다. 그럼에도 계약의 조건들은 신이 내린 법 혹은 자연법 이론을 비롯하여 다양한 이론가들에 의해 다양한 방식으로 묘사되었으며, 인간 본성과 사회적 관계에 대한 인과 구조를 묘사함에 있어서 각자 끌어오게 되는 도덕적, 경험적 전제가 무엇이냐에 따라 그 내용이 달라졌다.

예를 들어, 17세기의 사회계약 이론가였던 영국 철학자 토머스 홉스(Thomas Hobbs)와 존 로크(John Locke)는 인간 본성과 사회적 관계에 대해 상당히 다른 주장을 펼쳤고, 어떠한 권력에 우리가 동의하게 될지에 대해서도 서로 의견이 갈렸다. 홉스에게 있어서 인간은 자기 자신의 이익을 공격적으로 추구하고 타인을 불신하는 경향이 있는 존재다. 그로 인해 국가 밖에서의 삶은 '험악하고, 잔인하고, 짧으며', 사람들은 서로가 서로에게 가하는 위협으로부터 안전을 제공해주기만 한다면 그 어떤 주권적 권력에도 동의하게 된다. 대조적으로, 로크는 인간 본성에 대해서 훨씬 더 유순한 시각을 가지고 있었고, 개인들의 자유에 국가가 타인보다 훨씬 더 큰 위협이 될 수 있음을 홉스가 과소평가했다고 생각했다. 로크는, 홉스가 인간이 "**스컹크**나 **여우**로부터 받을지도 모르는 해악을 피하기 위해서는 조심하면서도, **사자**에게 잡아먹히는 데는 만족하거나, 심지어 안전하다고 생각할 정도로 어리석은"[14] 존재라고 생각한다고 지적하였다. 그는 사람들이 제한된 형태의 정부에 대해서만 동의할 것이라고 믿었다. 홉스와 로크가 보여주는 간극은 '상위법'에 대해서도 이론가들의 수만큼이나 다양한 시각이 있을 수 있음을 시사한다. 이론가들 사이의 이견은 시민들 간의 이견을 반영하는 것이며, 그렇다면 우리는 법치의 근원이 언제나 사람에 의한 지배 아래에 놓이게 될 것이라는 딜레마, 즉 법치가 의미하는 바나 법이 해석되거나 적용되는 방식은 언제나 사람에게 달려 있게 된다는 딜레마로 다시 돌아가게 된다.

(3) 근대 민주주의: 정치적 시민권과 법적 시민권의 결합?

그러던 중 이러한 딜레마는 근대 민주주의 시대의 시작을 알린 두 개의 혁명, 즉 1776년 미국혁명과 1789년 프랑스혁명과 마주하게 되었으며, 두 혁명 모두 헌법 제정을 시민들 간의 실제 사회계약의 예시로 간주함으로써 해당 딜레마를 해결하고자 시도하였다. 그래서 미국 헌법의 저자는 '미합중국 인민(We the People of the United States)'으로 기재되었고, 프랑스의 인간과 시민에 대한 권리 선언에서는 '모든 주권은 본질적으로 국민(Nation)[15]에게 있다'고 선언되었다. 하지만 이러한 표현 속에도 공동의 행위자로서 행위하는 '공적인' 정치적 시민—즉, 인민(people)이나 국민(nation)[16]—과 법의 주체이자 자유, 재산, 행복의 추구에 대한 '자연적' 권리의 소지자인 사적이고 '법적인' 시민이라는 이원론은 여전히 유지되고 있다. 정초의 순간(constitutional moment)에 부여된 시민적 덕성이 인민의 행위로부터 탄생한 제도 속에 소중히 간직되기도 하지만, 그와 동시에 이기적인 시민들은 법 아래에서 각자의 개인적인 이해관계를 추구할 수도 있다. 이처럼 두 모델 간의 긴장관계가 여전히 남아 있는 상황에서, 가장 잘 디자인된 제도나 법률이더라도 과연 시민의 덕성 없이 운영될 수 있을지, 혹은 시민들이 정치체를 형성하는 데 적극적으로 참여할 수 없는 경우에도—굳이 정초의 순간이 아니더라도—과연 제도와 법률을 '그들의 것'으로 느낄 수 있을지 의문이다.

시민권에 대한 정치적 관점과 법적 관점은 각각 정치사상의 두 개의 전통, 즉 공화주의와 자유주의—이에 대한 많은 논의들이 공화주의가 자유주의에 의해 서서히 대체되고 있다고 바라보고 있긴 하지만—와 결부되어왔다. 공화주의적 전통에서는 자유를 시민들이 직접 참여해 만들어낸 법률의 산물로 바라보는 경향이 있는 반면, 자유주의는 법률을 각 개인들의 자연적 자유와 공동체적 생활을 양립 가능하게 만들기 위한 필요악으로 바라보는 경향이 있다. 하지만 이런 식의 설명은 매우 조심스럽게 다루어져야 한다. 우선, 공화주의와 자유주의에는 수많은 다양한 버전이 있다. 한 예로, 앞서 살펴보았듯이 공화주의적 시민권에 대한 그리스와 로마적 관점에도 여러 차이점이 있고, 두 관점 모두 후대의 사상가들에 의해 서로 다른 방식으로 받아들여져왔다. 게다가 공화주의와 자유주의는 각자의 방식으로 공존해오기만 한 것이 아니라, 둘은

We the People

Article 1

5. a) 정치적 시민권과 법적 시민권의 통합: 미국 헌법

19세기와 20세기의 민주적 국민국가의 발달로 인해 점차 뒤섞이게 되었다. 도시국가와 제국의 중간 어디쯤에 위치해 있는 국민국가는 각 형태가 갖는 중요한 이점들은 취하면서도 문제점들은 피해나갈 수 있는 가장 실행 가능한 대안으로 부상했다. 이를테면, 폴리스는 제국의 군사적 침략으로부터 살아남기에는 너무 작은 데 반해, 제국은 의미 있는 정치적 참여를 기대하기에는 지나치게 크다. 하지만 국민국가는 복잡다단한 경제적 기반과 군대를 유지하기에 충분한 크기를 갖고 있으면서 동시에 덜 참여적일지라도 그럴듯한 민주주의의 형태를 갖추는 것이 아예 불가능할 정도로 크지는 않다. 그로 인해, 국민국가를 통해 정치적 참여와 권리들을 민주적 정치공동체의 성원권과 연결함으로써 대중의 통치와 법적 통치를 성공적으로 결합시킬 수 있는 시민권의 형태를 만들어내야 한다는 요구가 생겨났다. 지금부터 살펴보고자 하는 시민권에 대한 사회학 이론들에 큰 영향을 끼친 것이 바로 이러한 시민권의 발전 과정이다.

근대의 민주적 시민권 만들기

사회학자인 T. H. 마셜(Marshall)과 스테인 로칸(Stein Rokkan)은 근대의 민주적 시민권이 발전하는 과정에 대한 권

5. b) 프랑스의 인간과 시민의 권리에 대한 선언.

위 있는 서사를 확립한 바 있다. 이 논의는 18~20세기 서유럽 민주주의의 역사를 분석하는 데서 출발한다. 그들은 시민권을 국가 건설과 상공업에 기반한 사회의 등장, 그리고 민족의식의 성립이라는 상호 연관된 과정들의 산물로 바라보았으며, 이 세 가지 과정들은 계급투쟁과 전쟁에 의해 다양한 방식으로 추동되었다고 주장하였다. 이 세 가지 과정들은 단계적으로 등장하기도 했지만, 각 과정을 통해 자본주의 시장경제 안에서 작동하는 민주주의적, 복지, 국민국가라는 새로운 맥락 아래 대중 통치와 법적 통치가 결합될 수 있는 특정 조건들이 각기 마련되기도 했다.

우선 첫번째 단계인 국가 건설은 엘리트 수준에서 이루어지는 행정적, 군사적, 문화적 통합을 의미하며, 여기에는 영토의 공고화와 국가 전체에 적용되는 관료제와 사법 체계를 운영하기 위한 인프라의 구축이 수반된다. 이 과정에서, 주어진 영토 범위 안에서 일어나는 모든 행위를 관장할 권위를 가진 주권적 정치체가 창출되며, 그 영역 안에 거주하고 있는 사람들은 해당 국가의 정당한 국민이 된다. 두번째 단계에서는 상공업에 기반한 경제가 등장하게 된다. 이 단계에서는 시장경제의 기반을 형성하는 중요한 공공재들, 예를 들면 통합된 교통 체계, 표준화된 도량 체계와 단일통화, 그리고 안정적으로 작동하는 단일한 법 체계 등이 창출된다. 시장은 서서히 귀속 지위에 근거한 전통적인 사회적 위계와 체계들을 붕괴시키며, 동시에 계약의 자유와 법 앞에서의 평등—특히 시민적 권리와 경제적 권리에 대한—을 신장시킨다. 세번째 단계인 민족 형성 단계는 의무교육, 언어 표준화, 대중언론, 징병제 등의 수단을 통해 대중이 시장경제, 산업경제에 들어맞는 하나의 민족으로서의 의식을 갖게끔 하는 사회화 과정을 의미한다. 이 과정에서 공용어가 널리 쓰이게 되며 문해 능력과 산술 능력의 기준이 마련되는데, 이는 유동 인력들이 산업에서 요구되는 포괄적인 기술들을 습득하는 데 있어 적절한 수단이 된다. 또한 이러한 과정은 동료 국민들 사이의 정서적 유대뿐만 아니라, 시민과 국가 간의 정서적 유대를 창출하는 데 도움이 된다.

이러한 세 가지 과정의 전체적인 효과는 '인민'을 창출해내는 것이다. 여기서 인민이란 법 앞에서 평등하게 대우받을 자격이 있고, 재화와 서비스, 노동을 사고팔 동등한 권리를 소지한 주체이며, 인민의 이해관계들은 주권적 정치권력에 의해 관리 감독되고, 또한 그들은 서로와 국가에 대해 충성하게끔 하는 민족적 정체성을 공유하고 있다. 인민에 대한 위의 세 가지 요소들은 민주적 시민권에 있어 모두 중요하다. 첫번째 요소는 모든 사람들이 법 앞에서 동등한 보호를 받을 자격이 있다고 간주될 수 있는 토대—이런 조건을 형성해낼 수 있는 동

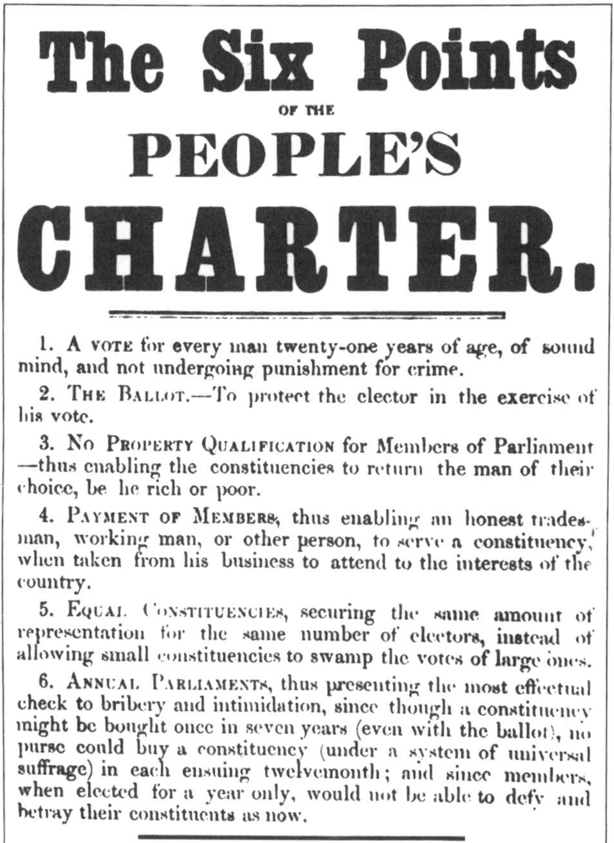

The Six Points

OF THE

PEOPLE'S

CHARTER.

1. A VOTE for every man twenty-one years of age, of sound mind, and not undergoing punishment for crime.

2. THE BALLOT.—To protect the elector in the exercise of his vote.

3. NO PROPERTY QUALIFICATION for Members of Parliament —thus enabling the constituencies to return the man of their choice, be he rich or poor.

4. PAYMENT OF MEMBERS, thus enabling an honest tradesman, working man, or other person, to serve a constituency, when taken from his business to attend to the interests of the country.

5. EQUAL CONSTITUENCIES, securing the same amount of representation for the same number of electors, instead of allowing small constituencies to swamp the votes of large ones.

6. ANNUAL PARLIAMENTS, thus presenting the most effectual check to bribery and intimidation, since though a constituency might be bought once in seven years (even with the ballot), no purse could buy a constituency (under a system of universal suffrage) in each ensuing twelvemonth; and since members, when elected for a year only, would not be able to defy and betray their constituents as now.

6. 19세기 영국 노동자들의 정치적 권리를 요구하는 내용의 인민 헌장(The People's Charter).

등한 권리가 있어야 얻어질 수 있는 조건이긴 하지만—가 된다. 두번째는 이익의 공동체를 만들어내는데, 이는 무엇보다도 국가를 운영하는 이들이 사람들을 억압하는 것이 아니라 사람들의 관심사에 응답하고 그것을 추구하게끔 충분한 통제를 가능하게 한다. 세번째는 시민들이 스스로를 공동의 가치와 서로에 대한 다양한 의무를 공유하는 인민이라고 생각하게끔 만들며, 또한 사람들이 공동의 표현 양식을 사용하는 등 널리 알려지고 받아들여진 규칙과 관행에 따라 소통할 수 있는 공적 공간을 위한 맥락을 생성해내기도 한다.

마셜은 그의 탁월한 저술에서 국내시장과 국민국가의 등장으로부터 배태된 시민권의 잠재력은 잇따른 계급투쟁을 통해 발현되기 시작한 것이라 주장했다. 그는 영국의 사례를 끌어와 시민권의 역사적 발전 과정은 세 단계로 이루어져 있다고 주장했다. 각 단계는 공동체의 완전한 구성원으로서 동등한 권리를 얻어내고자 투쟁했던 시민들이 각기 어떤 권리와 의무를 획득했는지를 포착해내고 있다. 대략 17세기부터 19세기 중반까지 이어진 첫번째 단계에서는 다양한 사회·경제적 활동들에 참여하는 데 필요한 시민적 권리들—재산을 소유하고 시장에서 재화와 서비스, 노동을 교환할 수 있는 자유에서부터 자신이 선택한 교회에 나가고 이견을 표명하는 데 필요한 사상과 양심의 자유에 이르는—의 공고화가 이루어졌다. 18세기 말부터 20세기 초까지 이어진 두번째 단계에서는 투표하고 선거에 출마할 수 있는 정치적 권리를 획득했는데, 처음에는 재산소유자들에게만 해당 권리가 주어졌지만 이후에는 모든 성인 남성, 그리고 종국에는 여성들도 권리를 갖게 되었다. 19세기 말부터 20세기 중반에 해당하는 세번째 단계에서는 사회권이 새롭게 등장하였다. 당초에 사회권은 단순히 '다소간의 경제적 복지와 안전에 대한 권리' 정도를 의미했으나, 의미가 점차 확장되어 '사회적 유산들을 완전히 공유할 수 있고, 사회적으로 안락하다고 여겨지는 삶을 누릴 수 있는 권리'를 의미하게 되었다. 그래서 사회권은 실업이나 질병에 대한 사회보험을 포함할 뿐만 아니라 최소한 중등학교까지의 교육을 보장하는 폭넓은 교육권과 의료와 연금에 대한 권리까지 포함하게 되었다.

하지만 마셜의 주장은 그동안 상당한 비판을 마주해왔다. 일부 사람들은 그가 권리 신장을 일으킨 외부적 압력의 역할을 간과했다고 주장하였고, 또다른 사람들은 영국에서마저도 세 가지 권리들이 순서대로 등장하지 않은데다 그가 언급한 시기에 발생하지 않았으며, 그의 주장만큼 서로 상호 보완적인 것도 아니라고 주장하였다. 실제로 대다수의 국가들에서 사회권은 정치적 권리의 등장 이후가 아니라 그 이전에 등장했다. 당대의 정치적 지배계급이 정치적 권리를 쟁취하고자 하는 사람들의 요구를 잠재우기 위한 방편으로 사회권을 부여하는 경우가 흔히 있었기 때문이다. 또한 사회권은 재산권과 같은 특정 시민적 권리와 충돌하기도 한다. 하지만 그의 주장의 세부 사항들에 대한 수정이 필요하다 하더라도, 그의 논의 기저에 깔려 있는 논리 구조는 여전히 설득력을 가진다. 마셜의 주장은 시민적 권리에서 정치적 권리로, 또 더 완전한 사회권으로 나아가는 필연적인 발전의 흐름이 있을 수밖에 없다는 식으로 이해될 때도 있지만, 실제로는 그렇지 않다. 그는 권리의 획득 과정이란 불확실하고 영원히 끝나지 않는 투쟁이라고 보았다. 권리 발전의 각 단계는 동등한 배려와 존중을 받고자 하는 투쟁을 통해 지배 그룹의 양보를 이끌어내는 데 성공한 피지배 그룹이 있었기에 존재할 수 있었다. 이처럼 법적 시민권은 정치적 시민권의 형식적 혹은 비형식적 행사—주로 다른 권리를 얻어낼 목적으로 기존에 갖고 있던 법적 권리를 활용하는 등—를 통해 새로운 집단들을 아우르는 방식으로 변해왔다. 이러한 권리의 확장은 권위 유지를 위해 피지배자들의 자발적인 협력이 필요했던 지배계급 덕분이기도 했다. 이처럼 여러 집단이 서로 다른 상황에서 각자의 이익을 추구하기 때문에, 시민권의 발전 양상은 자연히 나라마다 다를 수밖에 없다. 한 예로, 양차 세계대전 동안 발생했던 대규모의 징집과 그에 따른 내수경제를 위한 여성들의 노동력에 대한 사회적 요구는 당시 많은 유럽 국가들에서 남성과 여성이 정치적 권리와 사회권을 획득하는 데 있어 상당한 기여를 했다. 이러한 투쟁 바깥에 있었던 스페인, 포르투갈, 그리고 스위스에서는 이런 식의 사회적 압력이 존재하지 않았고, 그로 인해 이들 국가에서 여성의 지위 변화는 상이한 방식으로 훨씬 더 천천히 올 수밖에 없었다.

마셜의 저작이 쓰인 시기는 서유럽 경제가 호황기에 접어들고 복지에 대한 지출도 확대되었던 1950년대였기에, 그가 더욱 포괄적이고 평등주의적인 시민권을 위한 투쟁의 정점으로서 사회권을 다룬 것은 아주 자연스러운 일이었다. 하지만 모두가 알고 있듯, 이어지는 사건들로 인해 그의 낙관적인 결론에 대한 의문이 제기될 수밖에 없었다. 단지 마셜이 찬양했던 전후 복지 시스템의 많은 부분이 70년대부터 90년대까지 경기 침체와 구조조정을 겪으며 악화되었다는 이야기가 아니다. 복지 시스템의 기반을 이루던 많은 경제적, 사회적 합의들까지도 시민권의 축소가 아닌 확대를 주장하는 사람들로부터 비판받기 시작했다. 환경운동가들은 계속적인 경제적 생산 증대가 강조되고 있음을 비판했고, 페미니스트들은 노동시장에서 여성의 종속적인 역할이 지속적으로 간과되고 있음을 지적하였으며, 다문화주의자들은 종족문화(ethnicity)[17]의 문제를 아예 다루지도 않는다는 점에서, 세계시민주의자들은 국민국가에 모든 초점이 맞춰져 있다는 점에서 비판을 가했다. 물론 앞서 살펴본 마셜의 역사적 서사에 대한 비판들과 마찬가지로, 위와 같은 지적들이 반드시 그의 주된 주제의식과 충돌하는 것은 아니다. 위의 지적들은 단지 동등한 시민권의 형태를 실현하려는 각각의 시도가 어떻게 예상치 못한 단점과 문제들을 불러일으키는지를 보여주는 것이며, 그로부터 정치공동체, 권리, 참여를 정의하는 방식을 둘러싼 새로운 투쟁이 발생하게 된다.

다음 세 개의 장에서 다룰 내용은 바로 이러한 세 가지 종류의 투쟁과 그러한 투쟁이 시민권을 변화시켜온 방식에 대한 것이다. 현재의 발전 양상들은 두 가지 측면에서 마셜의 주장을 약화하고 있는 것 같다. 우선, 세계화로 인해 집단적 가치를 창출하는 데 참여할 수 있는 장이 될 만한 대안적 정치공동체가 마련되지도 못한 채 국민국가가 약화됨으로써, 법적 시민권은 점점 더 정치적 시민권으로부터 구분된 개념이 되어가고 있다. 예를 들어, 세계은행이나 세계무역기구, 국제통화기금과 같은 국제기구들은 국제 교역의 많은 부분들을 규제하고 있지만, 시민들은 각국 정부를 통해서만 매우 간접적인 방식으로 국제기구를 통제할 수 있다. 더 나아가 그러한 국제기구는 정치적 책임성이 매우 떨어지는 국제법과 국제법원에 기속되어 있다. 유럽의회 의원을 뽑는 직접선거가 이루어지고 있는 유럽연합마저도 대체로 각 회원국 정부의 통제 아래에 있으며, 또한 유럽사법재판소에 기속되어 있다. 4장에서 보겠지만 이러한 변화에 대응하기 위해 시민권은 점차 '세계 인권'으로 정의되고 있는 추세인데, 이처럼 정치적 차원이 부재한 시민권은 시민이 된다는 것이 무엇인지에 대해 빈약한 논의를 제공할 수 있을 뿐이다. 둘째, 앞선 변화들과도 어느 정도 관련되어 있는데, 권력과 부를 가진 사람들은 점차 상대적으로 빈곤하고 힘이 없는 사람들의 동의 없이도 그들이 원하는 대로 행동할 수 있게 되었다. 부를 가진 사람들의 움직임이 더 자유로워질수록, 그들의 행동을 통제하고 세금을 부과함으로써 그들이 공공재에 기여하게끔 만드는 일은 더 어려워진다. 이러한 두 가지 양상으로 인해, 투쟁을 통해 쟁취될 수 있는 시민권의 용적은 점차 줄어들고 있는 것처럼 보인다.

제 3 장

성원권과
소속 여부

성원권은 시민권의 핵심적인 부분이다. 시민이 된다는 것은 특정한 정치공동체에 속한다는 것을 의미한다. 하지만 시민권을 성원권과 관련짓게 되면, 시민권은 배타성을 띠게 되고, 이는 갈수록 더 논란을 일으키고 있다. 시민이라는 집단을 외부인에게는 주어지지 않는 특권을 향유하는 선택받은 사람들의 집단으로 만들어버리기 때문이다. 마치 골프 클럽의 회원들이 외부인들은 이용할 수 없는 그린과 시설들을 이용하는 것과 마찬가지로, 시민의 지위를 갖는다는 것 역시 특정한 정치공동체의 구성원으로서 누릴 수 있는 여러 가지 이점들을 향유할 수 있게 해준다. 또한 골프 클럽의 회원 자격에 대한 규정들이 부적절하거나 차별적이라는 비판을 종종 불러일으키는 것과 마찬가지로,[1] 시민의 지위를 부여하는 규정들도 그러한 비판에 직면하곤 한다. 실제로 이러한 비판의 근거 중 다수가 몹시 유사하며—골프 클럽이 좋은 집안의 백인 부자들로만 구성원을 제한하고 있다고 비난받는 것처럼 출신, 종족, 부, 성별 등이 시민권의 기준을 구성하고 있다—구성원 자격의 기준이 무엇이 되어야 하는지에 대한 논쟁은 점차 치열해지고 있다.

골프 클럽과 마찬가지로, 국가는 이런 형식의 배제를 다음과 같은 이유로 늘 정당화해왔다. 예비 구성원들은 공동체에 적절한 방식으로 기여할 수 있어야 하며, 기존 구성원들뿐만 아니라 단체의 전반적인 기풍(ethos)과 '잘 어울릴' 수 있어야 한다는 것이다. 골프 클럽이 예비 구성원을 선정할 때 회비를 낼 만한 능력이 있는지, 골프 실력은 괜찮은지, 클럽의 규칙과 관습들을 준수할 의지가 있는지, 전반적인 사회성은 어떻고 클럽 행사에 얼마나 열심히 참여할지 등을 살펴본다고 한다면, 국가는 시민들이 집단적 가치를 위해 얼마나 기여할 수 있는지, 공동체의 규범과 관습을 준수할 마음가짐과 능력을 갖추고 있는지를 평가한다. 두 경우 모두 가입을 위한 기준이 아전인수 격으로 운영되거나 모든 지원자들을 동등한 배려와 존중으로 대하는 데 실패한 것은 아닌지 의심스럽다는 점에서는 공통점이 있으나, 골프 클럽과 정치공동체 간에는 매우 중대한 차이점이 있다. 대부분의 사람들에게 정치공동체의 구성원이 되는 것은 필수적인 일인 동시에 피할 수 없는 일인데 반해, 골프 클럽의 경우에는 그렇지 않다. 골프를 칠지 말지는 순전히 선택의 문제인데다, 골프에 푹 빠져 있는 사람이더라도 클럽에 소속되지 않은 채로 주기적으로 골프를 칠 수 있고 골프 클럽 없이도 골프를 즐기는 법을 터득할 수 있다. 이에 반해, 국가라는 테두리 밖에 사는 것은 사실상 불가능하다. 지구 대부분의 영역을 국가들이 차지하고 있을 뿐만 아니라, 1장에서 보았듯 국가는 그 어떤 복잡한 사회에서도 안전하고 만족스러운 삶을 살 수 있는 기본적인 구조를 제공한다. 국가 부재 상태는 거의 대부분 어떤 식으로든 국가가 실패해서—다른 국가에 의한 침입이나 점령, 내전, 기근 혹은 억압적인 정권 등—많은 사람들이 그곳으로부터 탈출할 때 발생한다. 이러한 상황에 놓인 사람들도 국가 테두리 바깥에서 살아가지 않는다. 오히려 그들은 자신들을 기꺼이 받아주거나 도저히 받아주지 않을 수 없는 국가들에게 어떠한 원조나 도움이든 달라고 간청해야 하는 상황에 놓이게 된다.

국가라는 테두리 안에서 살아가는 것이 필수적일 뿐만 아니라 불가피하다는 점 때문에 시민권이 가진 배타성은 두 가지 이유에서 문제가 될 소지가 있다. 첫째, 특정 국가의 영향력 아래 놓인 일부 사람들에게 완전한 성원권을 부여하지 않음으로써 다른 시민들과 동등한 권리를 누리지 못하게 하는 것은 부당한 것처럼 보인다. 둘째, 우리가 속한 국가는 출생이라는 우연에 의한 결과라는 점을 생각했을 때, 더 나은 기회를 찾아 다른 국가의 구성원이 되기 위해 이주하는 것을 막는 것 역시 부당해 보인다. 특히나 그들이 시민권이 주는 권리를 향유하고자 할 뿐만 아니라 기꺼이 의무를 받아들이고자 한다면 말이다. 이 장에서는 시민권의 배타성에 있어 위와 같은 내부적 측면과 외부적 측면을 살펴보고자 한다. 우선은 계급, 재산, 성별, 종족성에 토대를 둔 전통적인 자격요건에 대한 논리와 각 요건에 대한 내부적 저항을 살펴보는 것으로 출발하고자 한다. 그다음으로는 특정한 유형의 외부인에 대한 배제를 검토함으로써 4장에서 살펴보게 될 세계 시민권, 즉 특정한 민족이나 국가의 성원권을 넘어선 더 넓은 논의로 나아갈 수 있는 발판을 마련할 예정이다. 두 경우에서 모두, 시민권을 소지한 사람들의 의무에는 어떤 것들이 포함되어야 하는지, 그리고 구성원이 되려면 단순히 자신의 몫을 수행하기만 하면 되는지 아니면 단순한 의무를 넘어서는 어떠한 방식으로 소속되어야만 하는지를 주로 묻고 답할 예정이다. 앞으로 살펴보겠지만, 2장 끝부분에서 언급한 하나의 민족으로 구성된 민주적 복지국가의 발전으로 인해 구성원 자격에 대한 내부적 기준은 점차 더 넓은 범위를 포함하게 되었으나, 외부적 기준은 여전히 배타적인 상황이다.

신민에서 시민으로: 포함과 배제의 내부적 차원

2장을 통해 고대 그리스 시민권의 기준이 거의 2000년 가까이 시민의 주요 속성을 결정짓고 있으며, 그 영향력이 오늘날까지도 얼마나 길게 드리워져 있는지를 언급한 바 있다. 아테네에서 시민이란 가부장(householder)이자 재산 소유자, 타인의 노동력의 주인, 전사, 그리고 아테네 혈통의 남성을 의미했다. 오늘날 이러한 자격요건들은 부당하고 차별적이므로 즉각 배척하는 것은 당연해 보인다. 오늘날의 많은 시민들은 위 자격요건 중 어떤 것도 충족하지 못하며, 실제로 대부분의 시민들은 자격요건 대부분을 갖추지 못했으며, 혹은 갖췄다 하더라도 삶의 특정 단계에서 자격요건을 상실하게 된다. 그러나 시민권이 이러한 속성들과 결부된 내적 논리는 분명 존재하며, 이는 여전히 우리가 시민이 된다는 것의 의미를 생각하는 방식에 영향을 주고 있다. 그렇기에 각 요건을 순서대로 살펴보고, 해당 요건들이 시민권과 역사적으로 연계되어올 수 있었던 논증 방식이 여전히 유효한지(그 방식을 해당 요건과 더이상 관계 지을 생각이 없다 하더라도) 곰곰이 따져볼 만한 가치가 있다. 우선은 재산 소유와 관련된 논의들을 살펴보고, 그

후에는 성별과 종족성에 관한 논의들을 살펴볼 예정이다. 앞으로 보게 되겠지만, 시민권에 대한 좀더 포괄적인 관점은 이러한 세 가지 기준들과 시민이 되기 위한 자질 사이의 연결고리를 끊어내는 데 지대한 영향을 미쳤다.

(1) 재산과 시민권의 속성들

고대 그리스에서 한 가정의 가부장(patriarch)이 된다는 것은 단순히 그 집을 소유한다는 것 이상을 의미했다. '경제(economy)'라는 단어가 **가정**(oikos)과 **지배**(nomos)를 뜻하는 그리스어에서 유래되었을 정도로, 당시 가구는 경제의 가장 기본적인 단위였다. 가구주가 된다는 것은 경제적으로 자급자족할 수 있다는 것을 의미했으며, 가구주의 물질적 요구사항들은 보수를 받지 않는 집사라고 할 수 있는 부인을 비롯한 다양한 하인들에 의해 관리되었다. 이러한 요건에 내포된 세 가지 특징이 정치에 있어 매우 중요한 것으로 여겨졌다. 첫째, 지난 장에서 언급했듯 시민들은 생계를 꾸리는 것으로부터 자유로울 때 비로소 시민적 의무에 헌신할 수 있게 된다. 또한 항상 그런 것은 아니겠지만, 그 덕분에 시민들은 사익을 추구해야 할 필요성으로부터도 초연할 수 있었다. 둘째, 시민들은 물질에 대한 의존으로부터 자유로울 뿐만 아니라 타인에 대한 종속으로부터도 자유로웠다. 그들은 실제로 타인을 소유

했다. 물론 생존하려면 음식과 같은 것들이 필요하고, 그러한 것들을 얻기 위해서는 다른 사람들에게 기대야만 했다. 하지만 시민들은 자신이 소유한 사람들에게 마음대로 명령을 내릴 수 있었고, 자신이 원하는 대로 행동하지 않는 경우 그들을 팔아버릴 수도 있었다. 시민들은 그들의 식솔들(dependants)과는 달리 독립적이었다. 시민들은 그들의 삶을 보조해주는 사람들과는 달리, 자신이 최선이라고 믿는 방식대로 행동하고 생각할 수 있었다. 마지막으로, 시민들은 실로 정치공동체에 이해관계를 갖고 있었으며, 국가를 위해 기꺼이 싸우고 어쩌면 목숨을 바칠 수 있을 정도로 그들의 운명은—최소한 그들이 소유한 자산의 운명은—정치공동체의 운명과 단단히 묶여 있었다.

이러한 세 가지 속성, 즉 공공선에 대한 헌신, 독립성, 그리고 정치공동체에 이해관계를 갖고 있는 것은 정치를 고민하는 데 있어 여전히 중요하지만, 시간이 지날수록 이와 관련한 자질들은 사적재산을 소유하는 것과는 무관한 것이 되어갔다. 실제로 과거의 추정들은 반대로 뒤집혀왔다. 이제는 사적인 자율성이 정치적 영역에서 공적 자율성의 토대로 간주되는 것이 아니라, 오히려 정치적 참여와 사적 영역에 대한 규제야말로 개인적 자유를 보장해줄 수 있다는 생각이 퍼지게 되었다. 그래서 우리는 공공선에 대한 헌신을 확보하기 위해, 정치가 개인적 이득의 원천이 되지 않도록, 그리고 정치가 시민들과 정치인들의 사익과 지나치게 결부되거나 주목을 끌기 위해 각자의 사익을 경쟁적으로 추구할 필요가 없도록 하는 데 여전히 많은 관심을 기울이고 있다.

하지만 오늘날 위와 같은 일을 방지하기 위해 채택하는 방식은 이전의 논의들과는 완전히 정반대이다. 한 예로, 재산을 어느 정도 갖고 있는 것이 사심 없는 공무를 위한 전제조건이라는 주장과 같은 맥락에서, 19세기까지만 하더라도 정치인들에게 봉급을 많이 주는 것은 일반적으로 적절하지 않은 것으로 여겨왔다. 실제로 영국에서는 지역 단위에서 그러한 전통이 형식적으로라도 남아 있으며, 지역 의원들에게 다양한 업무 수행에 대한 수당—이후에는 개혁을 통해 이름만 수당이지 사실상 봉급(salary)이 되었지만—을 지급해야 한다는 생각이 들어서기 시작한 것도 1974년이 되어서였다. 이는 모두 정치인이라는 전문 계층이 생성되는 것을 막기 위해서였다. 정치를 전문화한다는 것은 한편으로는 특정한 분파적 이해관계를 갖는 정치적 계층이 탄생하는 것이자 지배하는 동시에 지배받는 시민들의 정치체계가 약화되는 것이라 여겨졌고, 다른 한편으로는 보수로 인해 공무라는 것이 시민의 의무가 아니라 개인적 풍요를 위한 수단으로 전락해버릴 것이라는 두려움을 야기했다. 독일의 사회학자 막스 베버가 "정치인들은 정치를 '위해서' 사는 것이 아니라 정치에 '의존해서' 살게 될 것이다"[2]라고 지적했듯 말이다. 물론, 정치인들이 자신의 사업적 이익이나 지인들의 사업적 이익에 도움이 되는 정치적 결정을 내림으로써 봉급보다 훨씬 더 많은 돈을 벌 수 있다는 점이 간과되었다는 점이 이 논의의 흠이라면 흠이었다. 그런 한편, 정치인들에게 봉급이 주어지지 않자 부유하지 않은 사람들은 사실상 공직으로부터 배제되는 결과가 발생하였다. 그러자 공직을 맡고 있는 사람들부터 시작해서, 생각이 점차 정반대로 바뀌었다. 아무리 정치인에게 주어지는 봉급이 그들이 사적 영역에서 벌 수 있는 돈보다 훨씬 적다고 하더라도, 정치인들이 사적인 의무로부터 해방되기 위해서는 봉급만한 수단이 없다고 생각하게 된 것이다. 실제로 정치의 직업화는 정치인들이 정치적 기술을 발전시키고 정치를 '위해' 살게끔 하는 유인을 제공하였으며, 정치인들은 공익을 위해 사람들을 이끌고 행동할 수 있다는 것을 사람들에게 보여줌으로써 성공을 이뤄내기도 했다.

이러한 변화를 가능하게 한 혁신은 바로 대의민주주의와 경쟁적 정당 체제이다. 이러한 발전은 시민들에게 요구되는 자질에도 영향을 주었다. 시민들은 예전과 마찬가지로 잠재적 통치자로서의 피선거권을 갖고 있긴 하지만, 다수의 시민들은 더이상 공무를 맡을 필요가 없어졌고, 그 대신 시민들의 주요 임무는 통치자를 선택하는 것이 되었다. 정당들의 경쟁과 그를 통한 정권 교체 덕분에, 이제 다양한 집단에 속한 시민들은 선출된 대표들을 통해 지배하는 동시에 지배받을 수 있게 되었다. 성원권에 있어서 가장 중요한 문제는 더이상 잠재적 시민이 지배할 수 있는 자질을 갖추고 있는가가 아니라, 투표할 수 있는지 그리고 다른 사람들의 공직 적합성을 잘 평가할 수 있는 능력을 갖추고 있는지가 되었다. 이처럼 정치적 참여의 부담이 현격히 줄어들면서, 구성원 자격은 성인이라면 거의 누구나 가질 수 있는 정도의 것이 되었다. 5장에서 이야기할 테지만, 그로 인해 몇몇은 성원권이 쓸모없을 정도로 평가절하되었다고 주장하긴 하지만 말이다. 어쨌든, 시간적 여유가 없다는 것은 더이상 시민이 되는 데 있어 걸림돌이 되지 않는다.

사익을 추구하는 것은 어떤가? 민주주의가 갖는 단점 중 반드시 정확하지는 않더라도 흔히 지적되는 것은, 시민들이 자기중심적이고 근시안적인 투표를 한다는 것이다. 이러한 생각들은 민주적 의사결정의 범위를 축소하고, 특정 영역들에서의 결정권을 사심이 없고, 공적인 마음가짐을 갖춘 이른바 '위대하고 선한' 엘리트들에게 넘겨주는 결과를 초래해왔다. 다시 한번 말하지만, 5장에서 이러한 문제들을 다룰 예정이다. 여기서는 시민들의 사익 추구에 대한 우려가 남아 있음에도 불구하고 사익을 추구하는 것은 더이상 시민이 되는 것에 있어서 뿐만 아니라 시민들에게 허용된 행위의 범위를 고민하는 데 있어서도 전혀 장애물이 되지 않는다는 점만 언급해도 충분할 것이다. 복지 서비스의 수혜자들에 대하여, 기여하는 바도 없으면서 공공지출을 증가시키는 쪽으로 사익을 추구할 것이므로 그들의 투표권을 제한해야 한다—실제로는 이 집단이 가장 투표를 적게 하는 집단 중 하나이며, 일반적으로 사회에 끼치는 영향력이 가장 작은 집단임에도 말이다—는 주장이 있었던 적도 있으나, 대부분의 사람들은 공공의 이익이란 시민들 각자의 이익의 총합에 불과하다고 생각한다. 지난 장에서 살펴보았듯, 정부의 영향력하에 있는 사람들에게 자신의 이해관계를 정치적으로 표출하는 것이 허용되지 않는다면 분명 그들의 이익은 간과될 위험에 처하게 될 것이다. 그런 점에서 과거의 관점으로 공익을 시민들의 사익과 동떨어진 것으로 바라볼 것이 아니라, 사익과 공익을 서로 영향을 주고받는 연결되어 있는 관계로 바라보는 것이 오늘날에는 더 적절해 보인다. 그럼으로써 시민들에게 자신들의 이익이 공동체 전체의 이익과 연관되어 있다는 감각을 일깨워줄 수 있기 때문이다.

좋은 시민의 두번째 속성인 독립에 대한 전통적인 사고방식 역시 그 전제가 뒤집히면서 완전히 그 내용이 바뀌게 되었다. 19세기까지만 하더라도 타인에게 생계를 의존하고 있는 사람은 독립성을 갖출 수 없다는 고전적인 시각이 여전히 유효했으며, 그로 인해 대다수의 사람들을 배제하는 것이 정당화되었다. 하지만 이러한 시각이 누구도 향유할 수 없을 것처럼 보이는 경제적, 사회적 '독립' 조건에 대한 시대착오적 이해에 기반하고 있다는 사실은 훨씬 이전부터 명백하게 드러났다. 일찍이 18세기 말부터, 스코틀랜드의 철학자인 아담 스미스는 당시 부상하고 있던 시장경제에 의해 나타난 노동 분업 심화 현상의 주요한 특징—정치의 전문화는 하나의 예시에 불과했다—이 바로 우리 모두가 서로에게 의존하게 된 것임에 주목하였고, 아담 스미스는 이를 통해 과격한 방식으로 고전적인 입장을 고수하고자 했던 장자크 루소를 비판한 바 있다. 시장경제의 부상으로, '자유인'은 더이상 자급자족할 수 있는 사람, 즉 가구로 대표되는 자주적인 경제 시스템의 주인을 의미할 수 없게 되었다. 게다가 마키아벨리나 루소와 같은 시민적 공화주의 이론가들이 항상 두려워했듯, 사치재에 대한 욕구는 상당한 부를 가진 사람의 독립성마저도 파괴할 수 있었다. 한편, 아담 스미스가 지적했듯 모두가 상호 의존 상황에 놓여 있다는 사실은 어느 정도의 평준화 효과를 갖고 있기도 했다. 상호 의존을 통해, 형식적인 면에서도 실질적인 면에서도 모든 사람의 지위를 동등하게 만들 수 있는 규범적이고도 현실적인 발판이 마련되었다. 시장경제하에서, 우리는 특정 분야에 국한된 일을 하게 마련이며, 필요한 것을 얻기 위해 수많은 사람들에게 의존하게 된다. 하지만 우리가 의존하게 되는 사람들이 나에게 종속된 사람인 것은 아니며, 그들이 나의 식솔이 되는 세계적으로 조직된 복잡한 경제 상황을 상상하기도 매우 어렵다. 그 대신 우리는 재화, 노동, 서비스를 교환하기 위해 다른 이들과—엄청난 부호와 권력자들도 모두—자유롭게 계약해야 한다. 이러한 보편적 상호 의존 상황에서 독립이란 더이상 사유재산에 달려 있는 것이 아니라, 타인과 계약을 맺는 조건을 규제하는 법과 제도가 공적으로 마련되어 있는지 여부에 달려 있게 된다. 이러한 규제는 모든 사람들에게 적용되므로, 상호 의존의 조건은 공평해야 하며 호혜적 권리와 동등한 존중과 배려를 보일 의무를 보장해야 한다는 당위적인 전제가 도출된다.

2장에서 정치공동체가 계약의 산물이라는 시각은 공정한 사회적, 정치적 체계를 구상하는 데 있어 강력한 이론적 도구를 제공한다고 언급한 바 있다. 계약의 자유라는 개념 역시 중요한 실제적 결과를 낳았는데, 노동자들은 계약의 자유를 통해 일차적으로는 고용의 조건들을, 더 나아가서는 정치를 포함하는 다른 영역에서의 법적인 지위를 평등하게 만들 수 있는 협상력을 갖추고 사용할 수 있게 되었다. 이때 모두는 자신의 생계와 정보에 있어서 전적으로 스스로에게 의지하고 있는 상황이므로, 모든 시민들이 다른 사람의 의견을 따르는 것이 아니라 스스로 결정을 내릴 수 있도록 보장하는 것이 매우 중요한 문제가 되었다. 한 예로, 교육과 복지의 권리가 필요한 이유 중 하나는, 의존성을 제거함으로써 사람들에게 시민으로서의 독립을 보장할 수 있다는 것이다. 교육권은 시민들이 스스로 필요한 정보들에 접근하고 또 그 내용을 평가하는 것을 가능하게 해주며, 복지에 대한 권리는 삶을 지속하기 위해 전적으로 타인의 호의에만 기댈 필요가 없다는 것을 의미한다. 더 나아가 이러한 권리들을 공적으로 보장하는 것의 정당성은 시민들이 놓여 있는 상호 의존적 조건으로부터 뒤따라오는 시민들 간의 호혜 의무에서 비롯된 것이라 할 수 있다.

물론 이러한 공적인 지원이 있다 하더라도, 여전히 자연적 의존 상태에 놓여 있는 이들이 있을 수 있다. 어린아이들은 독립적인 사고능력이나 자립할 수 있는 능력을 아직 갖추지 못했을뿐더러 부모님의 의견이나 지원에 어쩔 수 없이 기댈 수밖에 없다는 이유로 완전한 시민권을 부여받지 못한다. 정신질환이 있는 사람들이나 장애를 가진 사람들도 비슷한 이유로 배제되곤 한다. 위와 같은 배제들 역시 논쟁을 일으켜왔으나, 전반적으로 본다면, 이러한 비판은 독립이라는 개념을 전면적으로 반대하는 것이라기보다는 주로 회색 지대에 관한 것이었다. 언제부터 어린아이들이 지적으로, 경제적으로 독립할 수 있게 되는 것인지—즉, 언제부터 투표할 수 있는 자격을 갖추게 되는지—그 시점이 21세인지, 18세인지, 아니면 최근 영국에서 발의된 것처럼 16세인지[3]와 같은 문제들이다.

지금까지 살펴본 대로 사적재산이 더이상 공공선에 대한 헌신이나 독립성을 보장하지 않는 것처럼 보이므로, 사적재산이 시민권의 세번째 속성과는 얼마나 관련이 있는지, 그리고 그것이 정치공동체 내에서 이해관계를 갖고 있음을 보여주는 근거가 될 수 있는지에 대해서도 의문을 제기해볼 수 있다. 다시 한번 강조하지만, 재산과 정치공동체에 대한 관심 사이의 연관관계는 19세기까지만 해도 잘 유지되었다. 한 예로, 둘 사이의 연관성은 영국 내전 기간 중 있었던 1647년 퍼트니 회의[4]에서의 논쟁, 즉 보통선거의 원리에 대한 초기 논쟁에서 핵심이 되는 부분이었다.

국왕에 대항하여 의회를 지지했던 군인들 중 일부 당파에서는 일반 사병도 정치적 자유에 대한 권리를 얻을 자격이 있다고 믿었다. 레인즈버러(Rainsborough) 대령은 수평파(Leveller faction)의 입장을 가장 분명하게 보여준 유명한 연설에서 정치적 평등을 옹호하며, "나는 영국의 가장 가난한 사람도 가장 지체 높은 사람과 마찬가지로 생존할 생명을 가지고 있다고 생각한다. (…) 따라서 나는 영국의 가장 가난한 사

7. 1647년 10월부터 11월에 있었던 퍼트니 논쟁.

람도 그를 통치하는 정부에 대해 발언권을 가지지 않는 경우 엄격한 의미에서 그 정부에 구속되지 않는다고 생각한다"[5] 고 주장했다. 크롬웰을 중심으로 한 그랜디파[6]가 이에 대해 보였던 반응은 당대의 일반적인 통념을 잘 반영하고 있다. 헨리 아이어턴(Henry Ireton)은 그랜디파를 대표하여 '왕국에 대한 영구적이고 고정적인 이해관계를 갖고 있지 않은 사람은 왕국의 일을 처리하는 데 있어서, 그리고 우리를 지배하게 될 법을 결정하는 사람들을 정하거나 선출하는 데 있어서 어떠한 이해관계나 몫에 대한 권리 역시 없다'며 응수했다. 그리고 그는 여기에서 '영구적으로 고정적인 이해관계'가 있음을 가장 명백하게 보여주는 지표는 왕국 영토의 일부, 즉 토지 자산을 소유하는 것이라고 보았다. 그러나 토지 자산을 소유하는 것과 더 넓은 공동체의 장기적 이익에 관심을 갖는 것 사이의 연관관계는 항상 불확정적이고도 불완전했으며, 주요 자산을 외국인 투자자들이 소유하고 있는 오늘날의 세계화된 경제 상황에서 이 관계는 더욱 불확실해졌다. 둘 사이의 연관관계는 자산을 사용하였을 때 동료 시민들이 얻을 수 있는 긍정적인 영향들로부터 소유주가 얼마큼의 이득을 얻는지, 혹은 그로부터 발생한 부정적 영향의 여파를 소유주도 얼마만큼 공유하는지에 달려 있다고 할 수 있다. 하지만 안타깝게도 실제로는 그렇지 않은 경우가 많으며, 소유주들은 자신의 자산을 더 넓은 공동체의 '영구적이고 고정적인 이해관계'에 해를 끼치는 방식으로 활용할 때 더 많은 것을 얻을 수 있다. 이에 대한 대표적인 예시가 바로 환경오염이다. 친환경적인 정책을 따르는 것이 기업 소유주들의 입장에서 이득이 되지 않는다면—수익이 증대되거나 친환경적이지 못한 정책을 시행했을 때 불이익을 당하는 것이 아니라면—해당 정책을 따를만한 유인이 전혀 존재하지 않게 되고, 결국 그들은 정책을 따르지 않게 된다.

하지만 재산 소유 여부가 한 시민의 이해관계가 정치공동체의 이해관계와 결부되어 있음을 판단하는 좋은 지표가 아니라면, 오랜 기간의 헌신을 증명할 만한 다른 무언가가 적절한 대안이 될 수 있을 것처럼 보인다. 어쨌든 시민들은 국가로부터 이득을 취하는 사람들일 뿐만 아니라 여러 결정을 통해 국가의 미래 모습에 영향을 줄 수 있는 이들이기 때문이다. 이러한 점에서 많은 국가들은 완전한 시민권을 부여하는 기준으로서 일정한 거주 연한을 채울 것을 요구해왔다. 단지 귀화하고자 하는 이민자뿐만 아니라, 출생을 통해 시민이 된 사람들에게도 이러한 기준이 요구되는데, 만일 그들이 다른 국가에서 살기로 결정한 경우에는 일부 권리를 상실하게 된다. 확실히 이러한 거주 연한은 재산 소유 여부에 비해, 누군가가 동료 시민들에게 악영향을 끼치지 않을 정책을 추구하려고 할지를 더 잘 보여주는 보다 명백한 지표가 될 수 있다. 스스로 결정한 정책은 본인에게도 똑같이 영향을 미치게 될 것이기 때문이다.

그럼에도 문제는 여전히 남아 있다. 다양한 국가의 정책들로부터 영향을 받는 사람들이 국경 바깥에 거주하고 있을 수도 있기 때문이다. 환경 대책이 다시 한번 좋은 예시가 될 수 있다. 모든 공장들에게 높은 굴뚝을 만들 의무를 부과하는 정책은 지역 주민들에게는 좋은 소식일지 모르지만, 그렇게 되면 굴뚝에서 나온 유독한 배기가스가 경계 바깥에 거주하는 사람들에게 전달된다. 이런 이유로, 우리 모두는 우리에게 영향을 주는 모든 정치적 조직의 시민으로 간주되어야 한다고 주장하는 사람들도 있다. 하지만 적정하게 경계 지어진 영토를 공유한다는 것의 의미는 그 안에 살고 있는 사람들이 모든 정부 정책에 대해 상당한 수준에서 고르게 영향을 받는다는 것을 의미하므로, 경계 바깥에 사는 사람들에게 중대한 영향을 줄 만한 정책은 사실 소수에 불과할 것이다. 물론 한 국가 내에서도 쓰레기통 수거처럼 좁은 지역에서 훨씬 더 잘 체계화될 수 있고 거기에만 영향을 끼친다는 이유로 지역 차원에서 결정되는 것이 가장 바람직한 사안들이 있고, 또 한편으로는 국방과 같이 국가 차원에서 결정되는 것이 가장 좋은 사안들이 있는 등, 사안에 따라 영향 범위가 다르긴 하지만 말이다.

덧붙여, 영국을 비롯한 여러 국가에 거주하는 많은 사람은 훨씬 부담스러운 국가 시민권의 요건을 충족하지 못했다 하더라도, 거주 사실에 근거하여 지역 시민으로서의 자격을 갖추고서 지역 선거에서 투표한다. 물론 한 국가는 지역들을 모두 아우르고 있으므로 지역 정책과 국가 정책이 상호 간에 일으키는 연쇄효과가 존재한다는 점과 완전한 시민들은 지역과 국가 모두에 대해 투표할 권리를 갖고 있다는 점이 모두 고려되었을 것이다. 이와는 달리, 높은 굴뚝 건설과 같은 정책이 덴마크에 있는 호수를 오염하는 산성비를 야기했다는 이유로 덴마크 시민들에게 특정한 영국의 환경 정책에 대한 투표권을 준다고 가정해보자. 만일 덴마크 사람들이 정치적 의제를 왜곡할 수 있게 된다면, 한 예로 덴마크 사람들에게 이득이 되게끔 환경보호에 더 많은 예산을 책정함으로 인해 영국 시민 전체에게 혜택이 돌아가는 국가 보건 정책이나 교육 정책이 타격을 입는다면, 이는 앞선 지역 시민의 사례와는 달리 불공평한 것이다. 전 지구적인 정치공동체에 영향을 끼치는 사안들이 어떤 식으로든 국가 정책들을 모두 망라하고 있다고 간주한다면 문제가 해결될 수도 있겠으나, 유럽연합의 경험을 통해 알 수 있는 것처럼 문제는 결코 간단하지가 않다.

또한 정책을 위한 비용을 지불해야 할 필요가 없다면, 단순한 거주 사실이나 영향권에 놓인다는 사실만으로는 사람들이 효율적이고 효과적인 정책 시행을 위해 노력할 정도로 정치공동체에 대해 충분한 이해관계를 갖게끔 만들지 못한다는 점도 지적할 필요가 있다. 미국인들이 독립을 선언했을 때, 그들의 주장은 많은 부분 '대표 없는 곳에 과세 없다'는 구호에 근거하고 있었다. 하지만 방금 이야기했듯, 그 반대 즉 세금을 내지 않는 사람은 대표될 수 없다는 명제 역시도 진실로 받아들여져야 한다고 오랫동안 여겨왔다. 그렇지 않다면, 정부가 비용 면에서 효율적인 정책을 추진하도록 독려할 만한 유인이 전혀 없을 것이기 때문이다. 비슷한 이유에서 어떤 사람들은 노인의 투표권을 박탈해야 한다고 주장하기도 했다. 그들은 자녀 세대가 지불하는 연금 지출을 크게 늘리자고 주장하는 식으로 미래를 위해서 저축하지 않으려고 할 수 있기 때문이다. 물론 대부분의 연금수령자들은 자녀가 있고, 그렇기에 자녀의 미래에 대해 관심을 갖고 있겠지만 말이다. 복지 혜택을 받는 사람들 역시도 정부가 효율적으로 정책을 운용하는 덕에 혜택을 받는 것이기에, 혜택이 계속해서 제공될 수 있을 정도로 경제 상황이 충분히 탄탄한지에 대해 관심을 갖고 있다. 하지만 많은 사람들은 여기서 더 나아가, 그런 사람들은 직업훈련 과정에 기꺼이 참여하는 등 일할 준비를 갖추고서 국가 수입에 기여할 수 있는 사람이 되어야 할 의무가 있다고 주장한다. 미국, 캐나다, 호주 등에서 시행하는 근로 복지 제도[7] 혹은 '상호 의무' 제도 아래 깔려 있는 주장이 바로 이런 것이다. 시민권에 대한 자격을 갖추기 위해서는 단순히 정책에 의해 영향을 받을 뿐만 아니라 정책을 유지하는 데 기여해야 한다는 이러한 시각은, 복지국가의 핵심부에 있는 호혜성—시민들은 정치적 협의체에 의해 제공되는 공공선을 지켜내는 데 협력해야 한다—개념으로부터 도출된 것이다. 범죄자들은 이러한 사회계약을 어겼다는 이유에서 바로 시민권으로부터 제외된다. 이러한 배제에 대해서는 특히 미국에서—미국에서는 유죄판결을 받은 흉악범들의 투표권이 수감 기간 동안뿐만 아니라 영구적으로 박탈되기도 한다—점점 더 논란이 많아지고 있긴 하지만 말이다.

아주 오랫동안, 자신의 이해관계를 기꺼이 국가에 맞추고 국가를 위해 자신의 몫을 다할 수 있는지를 가장 명백하게 보여주는 지표는 군에 복무하는 것이었다. 더 나아가, 공화주의 이론가들은 통치자가 용병을 활용하거나 전문적인 군대를 갖게 될 경우, 사람들 위에 군림하게 될 것이라 우려하기도 했다. 그러한 점에서 시민군은 통치자를 견제하기 위해 민주주의에 반드시 필요한 보완체였다. 이러한 주장이 국가 방위에 참여할 시민의 의무만큼이나 무기를 소지할 수 있는 개인의 '권리'가 중요하다는 이야기는 아니라는 점에 주의해야 한다

(요즘의 논의들에서는 흔히 언급되진 않지만, 미국 수정헌법 제2조에 언급된 무기를 소지할 권리는 잘 규율된 민병대의 필요성과 함께 언급되어 있다). 이러한 모든 생각들은 앞에서 언급했던 수평파의 요구의 바탕을 이루고 있다. 재산에 대한 논의에서 군대 이야기를 다루는 것이 다소 어색하게 보일 수도 있지만, 고대와 중세 시대만 하더라도 전사란 스스로를 무장할 수 있는 사람들 혹은 식솔들로부터 모병을 하거나 군대를 위한 자금을 조달할 수 있는 사람들을 의미했다. 그런데 17세기, 18세기에 군대가 전문화되면서, 소수의 일반 병사들은 자발적으로 입대했지만 강제로 복무해야만 했고 그들이 받을 봉급으로 무기를 구입해야만 했다. 19세기 말, 20세기 초에 대규모 군대가 필요해지면서 더 큰 변화가 일어났다. 이 시기의 성인 남성에 대한 보통 선거권의 도입과 모든 신체 건강한 성인 남성에 대한 징집은 어느 정도는 밀접한 연관성을 갖고 있다. 언제 희생이 요구되는지, 무엇을 위해 싸워야 하는지에 대해 어떤 발언권도 주지 않은 채로 목숨을 바칠 것을 요구하는 것은, 특히 제1차세계대전의 대량 학살을 본다면, 더이상 받아들여질 수 없는 것으로 여겨졌기 때문이다. 이러한 사건이 시민권과 군복무에 대한 전통적인 공화주의적 시각의 중요성을 재확인했다. 무기를 소지할 권리를 무기를 실제로 소유하는 것과 분리함으로써 해당 권리를 다시 한번 공적인 것으로 만들었다는

점에서 이전에 비해 훨씬 더 포용적인 형태이긴 하지만 말이다. 그런 한편, 요즘은 전쟁이 다시금 전문적인 군대, 심지어는 사설 안보 기업에 의해 수행되는 형태로 돌아가면서, 공화주의적 시각은 이전의 어느 때보다도 더 불필요한 것으로 여겨지고 있다. 물론 그로 인해 전형적인 공화주의자들의 우려, 즉 시민권과 전투할 권리 및 의무가 구분되는 것에 대한 우려가 다시 되살아날 가능성 역시 생겨나고 있다.

위에서 언급했던 모든 변화들과 마찬가지로, 이 변화는 처음에는 오직 남성들에게만 영향을 끼쳤다. 게다가 이러한 변화 과정에는 민족성으로부터 비롯하는 더욱 전면적인 국가에 대한 문화적 동화—오직 애국자만이 이 나라를 위해서 죽을 준비가 되어 있을 것이라고 여겨졌기 때문이다—가 수반되었으며, 또 그것이 필요하다고 여겨졌다. 그러므로 나머지 부분에서는 지금까지 살펴본 시민권의 기준이 얼마나 성별적 편견, 그리고 문화적 편견을 포함하고 있는지를 살펴보도록 하겠다.

(2) 성별과 여성주의적 비판

시민권의 전통적인 속성 중 대부분은 군복무와 같이 여성들이 배제되어왔던 남성적인 역할들과 주로 연관되어 있다. 이러한 사실로부터 시민권이 정의되고 수행되는 방식에 관하여 두 갈래의 여성주의적 비판이 등장했다. 페미니스트들은 첫째, 시민권의 공적인 수행은 대체로 여성에 대한 사적인 지배에 근거해왔다고 주장했으며, 둘째, 시민권은 그동안 '남자답다고 여겨지는' 자질들과 결부되어 이해되어왔다고 주장했다.

첫번째 비판은 부인할 수 없을 정도로 명백한 사실이다. 과거에도 그렇고 오늘날에도 일부 그렇지만, 남성들은 여성들을 사적으로 예속된 존재로 만들어왔으며, 그를 통해 여성들을 무급으로 일하는 하인처럼 부리고, 원하는 대로 명령을 내려왔다. 남성들이 주된 생계 부양자인데다 19세기까지만 하더라도 결혼을 통해 아내의 자산을 소유할 수 있었기에 발생하게 된 경제적 종속은 법적으로 허용된 물리적 폭력—예를 들어 부부 강간은 20세기가 될 때까지도 많은 사법 체계하에서 법적으로 명시되거나 범죄화된 적이 없다—을 비롯한 강제적 수단들을 통해 더욱 강화되었다. 여성의 가사노동에 대한 통제는 정치를 비롯한 '남성들'의 일이 체계화되는 것을 가능하게 만들었고, 그로 인해 가정을 유지하고 가족을 돌보는 일은 사회에서 직책을 가진 사람들의 책임이 아닌 것으로 여겨졌다. 100년 동안의 주요한 입법적 변화들—20세기 중반에 이르러 민주주의가 정착된 거의 대부분의 국가들에서 여성이 남성과 동등한 투표권을 갖게 된 것에서부터 20세기 후반에 차별금지나 동일임금에 대한 법안들이 통과된 것에 이르기까지—에도 불구하고, 돌봄 노동은 아직도 많은 경우 보수를 받지 못하거나 제대로 인정받지 못하고 있고, 여전히 여성들의 몫으로 여겨지고 있다. 그 결과, 여성들이 저임금 및 시간제 일자리의 대부분을 차지하고 있으며, 대부분의 고위관리직에서 여성의 비율이 적을 뿐만 아니라 여성은 상대적으로 더 적은 보상을 받고 있다. 최근 영국에서 진행한 설문조사에 따르면, 시간제로 일하는 여성의 임금은 정규직으로 일하는 남성에 비해 평균적으로 시간당 38% 적으며, 정규직으로 일하는 여성의 임금도 정규직 남성에 비해 시간당 17% 적다고 한다. 정치도 예외는 아니며, 사실 다른 직업보다도 상황이 더욱 심각하다. 예를 들면, 영국 의원 중 여성의 비율은 20%도 되지 않으며, 이 글을 쓰고 있는 시점에서 22명의 유급 내각 장관 중 5명만이 여성이고, 보수를 받지 않는 23번째 장관은 주택부 장관으로 여성이다. 입법부의 40% 정도가 여성으로 구성되어 있는 스칸디나비아 국가들을 제외하고는, 대다수의 민주주의국가들도 영국보다 조금 나은 수준이며, 전국 단위의 정치인 중 16%만이 여성인 미국을 비롯한 대부분의 나라들은 훨씬 더 상황이 나쁘다.

이러한 상황은 어떻게 바뀔 수 있으며, 정치를 고려함에 있어 어떤 함의를 가질까? 구체적으로 말하자면, 시민권으로부터 성별적 요소를 제거한다는 것이 정치에 대한 특정한 여성주의적 접근방식을 내포하는 것일까? 정치에 대한 새로운 접근이 필요하다는 주장들은 보통 '개인적인 것이 정치적인 것이다'라는 여성주의의 구호에 초점을 맞추고 있다. 어떤 면에서 위 구호는 기존의 공식적인 정치 수단 바깥에서의 실천을 비롯한 사회적 태도의 변화가 필요함을 지적하고 있다. 예를 들어, 육아나 청소는 '여성들'의 일이며, 그것은 남성들의 일보다 열등하다거나 자신들에게 적합하지 않다는 남성들의 생각에 도전하는 식으로 말이다. 다른 측면에서는 정치가 선정치적인 사적 영역에 기초하고 있음을 우리가 제대로 인식하지 못함을 지적하는 것이기도 하다. 정치와 그 전제조건들은 그 자체로 정치적으로 또 공적으로 구성된 산물이다. 결혼도 결국에는 법적인 관계 맺음이며, 그렇기에 법률이 침실에 들어와 강간은 불법이라고 명할 수 있다. 이와 마찬가지로, 고용주에게 육아휴직을 승인할 의무가 있음을 확인하고 육아에 대한 국가적 지원을 지속하는 것들은 어떤 면에서 사적 관계를 재편할 수 있게 하는 공적인 방법이라고 할 수 있다. 이러한 발전들은 모두 분명히 여성들이 시민으로서, 또 정치인으로서 사회에 참여할 수 있도록 도울 것이며, 바라건대 여성 후보를 선택하는 데 대한 편견을 바꾸고 남성과 여성이 가사와 가족에 대한 책임을 공유할 수 있는 정치적 일터를 만들 수 있을 것이다. 하지만 이와 마찬가지로 분명한 사실은, 위에서 보고된 수치들이 너무나 극명하게 보여주듯이, 변화는 오직 지속적이고 일치된 공공의 노력을 통해서만 가능하며, 그 속도는 고통스러울 정도로 느릴 것이라는 점이다.

'개인적인 것이 정치적인 것'이라는 문장을 이해하는 위의 두 가지 방식 모두 여성을 위한 것이라는 점은 분명하지만, 이는 판연히 '여성주의적'이라기보다는 시민권을 이해하는 방식이 변화해온 일반적인 역사적 궤도를 반영하고 있다. 1장에서 언급했듯이, 오늘날에는 타인에 대한 더 넓은 사회적, 도덕적 의무를 아우르는 확장된 시민권 개념을 활용하는 것이 흔한 일이 되었다. 또한, 정치에 있어서 사회적 도덕성도 중요하지만, 국가의 공식적인 정치적 절차 내에서 이루어지는 집단적 의사결정이 수행해야 할 특정한 역할이 분명히 있다는 점도 언급한 바 있다. 이러한 관점에서 바라본 시민권의 발전에 있어 주요한 변화는 타인과 동등하게 참여하기 위해 필수적이라고 할 수 있는 사적 영역에서의 개인적 자유를 여성들에게 제공하는 것이 사실상 공적인 일이라는 것을 깨달았다는 데 있다. 즉, 여성들에게 자유를 주는 일은, 가사를 분담할 수 있도록 장려하고 아이들이나 노인을 돌보는 개인을 차별하지 않는 등의 공적인 규칙과 공공정책으로 이루어진 공정한 시스템을 마련하는 것으로부터 가능해진다. 하지만 앞서 우리는 사적 자율성이 공적영역에서 참여의 근간을 제공하는 것이 아니라, 오히려 자율성이 참여의 산물이라는 생각의 전환이 바로 재산이 없는 사람들이 지나온 길과 정확히 일치함을 살펴본 바 있다. 그들 역시도 더 나은 근무조건과 교육, 복지 등을 쟁취하기 위해 조합을 결성해 그들의 공적 참여를 가로막는 사적인 장애물들을 넘어서야만 했기 때문이다. 그런 문제들은 순전히 비정치적이라는 시선에 맞서가면서 말이다.

페미니스트들의 두번째 주장, 즉 시민권은 남성적인 용어가 아니라 여성적인 용어를 통해 이해될 필요가 있다는 주장은 좀더 논쟁적이다. 역사적으로 여성들은 지나치게 감정적이라는 이유에서—여성은 이성이 아니라 정념에 의해 지배받고 있으며, 공정하게 행동하지 못하고 자신이 특별한 애정을 느끼는 사람들에게 편파적인 경향이 있다며—시민권을 갖기에 적합하지 않다고 간주되어왔다. 모든 여성주의자들이 그런 것은 아니지만, 일부 여성주의자들은 이성, 공정성, 보편주의는 남성적인 사고방식이며, 여성들은 타인에 대한 애정과 연민에 근거한 좀더 '배려하는' 접근방식을 취한다고 주장한 바 있다.[8] 하지만 남성과 여성은 완전히 동등한 지위를 누린 적이 없기 때문에, 어떤 태도가 본성의 차이에서 기인한 것인지 그리고 무엇이 단순히 문화적, 사회적 규범의 산물인지 알기란 불가능하다. 실제로 도덕적, 정치적 추론의 성격에 관

8. 1913년 뉴욕시에서 있었던 여성 참정권을 위한 행진(위).
2000년 뉴욕시에서 있었던 노동자의 날 시위(아래).

한 이러한 논쟁은 성별에 의해 입장이 나뉘지 않는다. 그보다는 권리와 정의에 대한 보편적 논의와 의무감을 느끼는 특수한 정서적 유대 사이에서의 적절한 균형점이 어디인가에 대한 논의가 성원권을 둘러싼 또다른 주요한 논점을 형성하며, 그 내용은 시민권이 특정한 종족적, 문화적 속성을 공유하는 동료 국민들에게만 주어져야 하는지에 대한 것이다.

(3) 민족[9], 종족, 그리고 다문화주의

앞서 살펴본 것처럼, 시민권에 대한 더욱 확장적인 논의는 대중적인 지지를 받는 민주주의 복지 시스템이 등장했기에 가능한 것이었다. 역사적으로 이러한 시스템은 국가 형성과 민족 형성의 맥락에서 등장했다. 오늘날의 주요한 쟁점은 민주주의와 복지, 그리고 민주주의와 국민국가 간의 연관관계가 역사적으로 우연히 발생한 것인지, 그래서 이제는 그 관계가 극복될 수 있는지에 대한 것이다.

민족 형성(nation-building)이 민주주의 복지 시스템에 내재한 일면이라는 입장은, 민족적 감정이 연대감과 신뢰를 창출하고 공동의 정책을 구상하고 지속하는 시민들의 능력이 발휘될 수 있도록 기여한다는 믿음에 기반하고 있다. 연대감과 신뢰는 모든 협력적 노력에 있어 필수적이며, 두 요소는 서로를 탄탄하게 만든다. 민주주의는 공공의 결정을 받아들일 수 있을 정도로, 그리고 협력하는 데 있어 충분히 서로를 믿을 수 있을 정도로 서로에게 충분한 연대감을 느끼고 있는 사람들, 즉 **인민들**(demos)을 전제하고 있다. 연대감이 없다면 개인들은 자신에게 이득이 되는 공공의 결정만 따르고자 하는 유혹을 느낄 것이며, 더 나아가서는 무임승차를 하게 될 것이다. 다수는 소수의 의견을 반영하지 않으려 할 것이고, 소수는 다수의 결정을 받아들이고 싶지 않을 것이다. 또한 신뢰가 없다면, 아무도 각자 맡은 바대로 행동하지 않을 거라는 공포가 생겨날 것이다. 이를테면 현 정부가 선거에서 패배를 인정했을 때, 후임자가 정권을 계속 유지하기 위해 선거 절차를 조작하거나 중단함으로써 다시는 상대방이 이기지 못하도록 만들 수도 있지 않겠는가. 복지 역시도 '갖지 못한 자들'에 대한 연대감을 표하는 '가진 자들'이 있어야 가능하며, '가진 자들'이 '갖지 못한 자들'의 상황을 개선하고, 필요한 경우 고통을 분담하기 위해 최선을 다할 것이라는 믿음에 기반을 두고 있다. 결국, 공동의 결정을 내린다는 것은 관련된 모든 사람들이 동의하는 공통의 제도, 관습, 그리고 담론이 정당하며 잘 작동할 것임을 전제하고 있는 것이다.

하나의 민족이라는 감각은 공유된 문화, 역사, 언어에 근거한 공동의 정체성을 창출함으로써 연대감과 신뢰감을 증진시킨다고 알려져 있다. 이러한 공통성은 의견과 이해관계의 다양한 차이를 뛰어넘는 사람들 사이의 유대를 만들어내며, 그를 통해 사람들은 서로 협력할 수 있게 된다. 이러한 주장은 어떤 면에서는 사회학적이기도 하고, 당위적이기도 하고, 기능적이기도 하다. 첫째, 사람들은 특정한 행동방식에 있어 서로 비슷하다고 여겨지는 사람들과 더 쉽게 어울리며, 그들을 더 쉽게 믿는다. 둘째, 민주주의나 복지와 같은 협력적 행위들에는 우리가 일반 사람들에게 갖는 인도주의적 의무—물론 이것들도 중요하지만—이상의 것이 요구된다. 여기에는 높은 수준의 호혜성과 가족 구성원이나 좋은 이웃들 사이에서 존재할 법한 특정한 타인에 대한 유다른 의무 등이 필요한데, 모든 사람들을 대상으로는 이러한 의무를 창출하거나 유지하는 것 자체가 매우 어려울뿐더러 서로 다른 문화권에 살고 있는 사람들은 그러한 의무들을 각자의 방식대로 형성해내고자 할 것이다. 마지막으로, 사람들이 함께 공유하는 언어와 정치적 전통들은 의사소통과 의사결정을 원활하게 만들어줌으로써 모든 사람들이 동등한 조건에서 참여하는 것을 더 용이하게 만들며 오해나 불일치의 여지를 줄여준다.

그러므로 이러한 면에서는 민족(nationality)이 시민권을 규정하게 된다. 민족이라는 속성이 정치공동체에서의 삶에 있어 시민들이 서로 동등하게 교류하는 것을 가능하게 해주는 사회적 결속력과 매개체를 제공해주기 때문이다. 하지만 아무리 국가 형성 과정과 민족 형성 과정이 함께 발생했다 하더라도, 두 과정 사이의 연관관계를 너무 가까운 것으로 바라보게 되면 명백한 문제들이 생긴다. 세계에는 5,000개에서 9,000개 사이의 종족문화집단이 존재하는 것으로 추정되지만 국가는 200개에 불과하며, 전체 국가의 90%가 둘 이상의 종족집단으로 이루어져 있다. 이러한 다양성을 극복하기 위해 과거의 민족 형성 과정은 대량 학살, 강제 이주, 강제 동화, 지배 집단의 지배와 통제를 전부 포함하거나 그중 일부를 포함하고 있었다. 전쟁과 침략을 통해 형성된 대부분의 국가들에서 원주민들과 민족적, 종교적, 종족적, 언어적으로 소수에 속하는 집단들은 모두 이러한 종류의 억압을 겪어왔으며, 이후에는 이주민들도 그 억압을 겪게 되었다. 오늘날의 그럴듯한 민족주의 옹호자 중에서 이러한 억압이 어떤 식으로든 용인 가능하다고 믿는 사람은 아무도 없다. 대신 그들은 공통의 귀속감, 즉 하나의 공동체에 속한다는 감각이 다양성을 용인할 뿐만 아니라, 다양성을 가능하게 해준다고 주장한다.

어떻게 그것이 가능할까? 첫째, 그들은 사람들이 서로 효율적으로 교류하기 위해서는 공통의 구조가 필요하게 될 것이라고 주장한다. 그러므로 제도 자체의 변화를 포함하여 어떤 식으로든 변화를 이끌어내기 위해서는 비록 완벽하지는 않더라도 지금과 같은 법적, 정치적 제도가 가장 적절한 메커니즘이라는 점이 많은 사람들에게 받아들여져야 할 필요가 있다. 둘째, 사람들에게는 동등한 조건에서 동료 시민들과 교류하고 모두에게 합당하게 여겨질 수 있는 방식으로 공동의 법률과 정책을 형성하고자 하는 바람이 있다. 이를 위해서는 자신의 나라에 충성을 다하며, 해당 국가의 정치적 역사와 제도에 대한 지식을 갖고 있으며, 공용어(들)를 꽤 유창하게 구사하고, 구성원들이 갖고 있는 문화적 관습이나 문화적 민감성에 대해 이해하고 있는 시민들이 필요하다. 실제로, 서구 민주주의국가들은 이러한 공동의 민족적 시민권의 요소들을 점점 더 성문화하고 있는 추세인데, 시민권 획득과 관련한 시험과 의식, 그리고 학교에서의 시민권 교육에 이러한 민족적 요소들을 모두 새겨넣고 있다.

보통 이러한 정책들은 점차 증가하는 다문화주의로부터 촉발된 사회적 불안과 폭력에 대한 공포와 증가하는 이민율에 대한 우려에 대응하기 위해 등장해왔다. 그로 인해 어떤 측면에서는 이러한 정책이 소수집단에 대한 차별을 줄이기는커녕 오히려 영속화한다며 비판을 받기도 했고, 어떤 사람들은 해당 정책들이 인권 규범과 국제법을 고려한 방식으로 대체되어야 한다고 주장하기도 했다. 이러한 주장들에 대해서는 다음 장에서 좀더 자세하게 다룰 예정이긴 하지만, 민족주의자들은 아마 이러한 주장들에 대해, 인권 규범이라는 것은 항상

9. 오스트레일리아의 시민권 취득 기념행사(2005년).

주어진 문화적 맥락하에서 파악될 필요가 있으며, 그를 통해서만 규범의 내용이 명확하게 구체화될 수 있다고 간단히 반박할 것이다. 더 나아가, 이러한 문화적 변용은 그 영향 면에 있어서 절대로 중립적일 수 없다. 공휴일이나 공식 언어(들)에 대한 선택은 반드시 내려져야 하며, 그러한 선택은 불가피하게 특정 소수집단에게 더 큰 영향을 끼치게 될 것이기 때문이다.

하지만 이러한 결정들의 차별적인 영향은 다양한 방식으로 완화될 수 있다. 한 예로, 특정한 문화적 관행을 처벌하는 법률에 대한 면책조항이 있을 수 있다. 영국에서는 시크교도가 오토바이 헬멧을 쓰지 않아도 괜찮은 것처럼 말이다. 영국의 미션스쿨에 대한 재정적 지원을 비롯한 문화적 활동에 대한 국가의 지원부터 사회적 약자에 대한 적극적 우대 정책에 이르기까지 다양한 방식을 통해 소수집단이 받게 되는 특정한 불이익을 극복할 수 있도록 지원할 수도 있으며, 종교 교육이나 공공 행사에 있어서 여러 종교를 수용하는 정책을 채택하는 등 소수집단들을 구성원으로 받아들이겠다는 것을 상징적으로 보여줄 수도 있다. 소수민족 집단—영국의 스코틀랜드, 웨일즈, 북아일랜드—이나 원주민 집단—캐나다의 이누이트족—에게 자치권을 양도할 수도 있으며, 뉴질랜드에서 마오리 원주민에게만 선거권과 피선거권이 부여된 특별 선거

구제를 운영하는 것과 같이 이민자 집단을 비롯한 소수집단에게 공적 기구에 대한 특별대표권을 부여할 수도 있다. 웨일즈처럼 다양한 언어를 포괄하는 정책을 시행하거나, 더 나아가서는 스코틀랜드처럼 자체 법률 시스템을 허용하는 방법도 있다. 대부분의 국가들은 위의 정책들 중 일부를 채택하고 있으며, 오스트레일리아, 캐나다, 미국과 같은 전통적 이민 국가들은 영국과 마찬가지로 거의 모든 정책들을 채택하고자 하였다.

이러한 정책들의 목표는 현대사회를 구성하고 있는 매우 다양한 집단들에게 소속감을 불어넣음으로써 더욱 포괄적인 공동의 민족적 시민권을 만들어내고자 하는 것이다. 사회계약의 이미지로 다시 돌아가 설명하자면, 이러한 정책들은 시민적 평등에 바탕을 둔 정치적 협력과 관련하여 상호 간에 받아들일 수 있는 규범들이 무엇인지 협상하고자 하는 시민들의 시도인 셈이다. 하지만 일부 논평가들은 위와 같은 수단들이 전체적인 시민권 기획을 약화시킬 수 있다며 비판해왔다. 동등한 지위를 손상하고 시민적 정체성을 분열하며, 그로 인해 연대감과 신뢰가 줄어들고 참여도 감소할 것이라고 말이다. 공화주의적 시민 정체성에 대한 강한 전통을 갖고 있는 프랑스가 이러한 노선을 채택해왔으며, 많은 자유주의자들 역시 이러한 주장을 받아들이고 있다. 하지만 경험적인 증거들은 이와 정반대의 결과를 보여준다. 다문화주의와 다양성을 수용하고자 하는 분명한 노력이 존재하는 경우에, 공동의 민족적 시민권을 증진하고자 하는 정책이 더 잘 작동한다. 일부 예외가 있다면 특정 지역에 모여 사는 소수집단일 텐데, 이 경우에는 캐나다의 퀘벡 지역이나 영국의 스코틀랜드에서처럼 자치권의 이양으로 인해 더 많은 자율성에 대한 요구나 분리독립에 대한 요구가 더욱 거세질 수 있다. 분리독립에 성공한다 하더라도 새롭게 탄생한 국가 역시 비슷한 다양성에 대한 문제들에 직면하게 될 텐데도 말이다.

그 밖에도, 어떤 정치체든 수용할 수 있는 한계가 존재한다는 점을 짚을 필요가 있다. 특히 소수집단의 관행들이 인권을 침해하는 것처럼 여겨지는 경우에 그렇다. 예를 들어, 서구 민주주의국가들은 소위 '여성 할례'라고 불리는 행위를 금지해왔다. 하지만 자녀의 교육에 대한 경우나, 많은 문화권에서 종속적인 존재로 여겨지는 여성들을 대하는 태도 등과 관련하여 수많은 난감한 경우들이 존재한다. 이러한 경우에 특정한 관행을 유지하게 할 것인지 아니면 아이들, 특히 여성들이 스스로 선택할 기회—전통적인 규범을 따를 것인지, 새로운 상황에 적응해나갈지, 아니면 규범을 전부 무시하고서 대신 더 넓은 공동체 속에서 더 광범위한 가능성들을 경험할지—를 보장해주어야 하는지 사이에서 갈등이 발생한다. 이러한 갈등은 다양한 국가에서 다양한 방식으로 해결되어왔지만, 사실 공동의 시민권에 대한 헌신은 상호 수용 가능한 조건하에서 정당화될 수 있는 해결책을 찾고자 하는 모든 당사자들로부터 나온다. 이처럼 민족적 시민권은 더이상 지배 집단에 의해 다른 집단에게 강요된 무언가가 아니며, 모든 면에서 어느 정도의 타협과 적응을 포함한, 모두가 함께 참여하는 시민적 프로젝트라 할 수 있다.

외국인에서 시민으로: 배제의 외부적 차원

지금까지 나는 시민이 된다는 것을 특정한 속성—즉, 나라를 위해 헌신하거나 일하고 세금을 내고 투표에 참여함을 통해 경제적, 사회적, 정치적 공공선에 기꺼이 기여하고자 하는 등 자신의 사익을 공익과 연결 지어 바라보는지, 그리고 정치적 성과를 평가할 수 있고 독립적인 판단을 내릴 수 있는 능력을 갖췄는지—의 측면에서 정의했다. 또한 이러한 속성이 모든 구성원에게 해당되려면, 이러한 속성을 확보하는 것이 사적 책임이 아니라 공적 책임임을 직시하여야 하며, 동시에 공동의 민족이라는 의식이 있을 때 이러한 시민의 속성들이 더욱 활발히 발휘될 수 있다고 언급한 바 있다. 마지막으로 나는 이러한 관점으로 시민권을 바라보더라도 여성이나 소수집단의 문화와 민족성이 차별받는 것은 아니라고 주장했다. 오히려 그렇게 바라봄으로써, 시민적 평등에 대한 그들의 요구를 반영할 수 있도록 국가 단위의 정치 문화를 계속해서 재구성해나가는 것이 가능해진다. 그것이 얼마나 성공적인지는 결과적으로 도출된 성원권의 기준이 이민을 원하는 사람들의 승인심사에 있어서 얼마나 그럴듯한 근거를 제공하느냐에 따라 평가될 수 있을 것이다.

이 문제는 이주자들에 대한 부담이 점차 커지면서 점점 더 중요한 이슈로 부상하고 있다. 정확한 수치를 파악하기는 어렵지만, 2000년에는 1억 5천만 명 정도의 이민자가 있었다고 추정되며, 이는 1965년 이민자 수의 2배이다. 당연히 과거에도 대규모 이주가 일어났던 기간들이 있었지만, 세계적인 범위 면에서나 다양성이나 꾸준한 규모 면에서나 오늘날의 이주 경향은 전례가 없는 것이다. 이러한 경향 일부는 전쟁이나 폭압으로 인해 그들의 국가에서 쫓겨난 망명 신청자들로부터 비롯되었다. 비록 모호한 영역이 존재하는 것은 사실이나, 나는 이러한 사람들을—국가들은 이 사람들에 대한 인도주의적 의무를 갖고 있으며, 난민의 지위에 관한 제네바협약(1951)과 1967년 의정서의 조약국인 경우 그들을 원조할 법적 의무를 갖는다—지금과 다른 삶 혹은 더 나은 삶을 찾고자 하는 이민자들과 구분하고자 한다. 여기서 주요 쟁점은 두번째 그룹의 증가하는 이민 수요를 각국 정부가 제한하는 것이 정당한지 여부이다.

모든 부유한 민주주의국가들은 주로 헌신도를 보여줄 만한 보통 3~4년 정도의 거주 연한 요건, 언어 시험, 국가의 역사, 관습, 제도에 대한 시험 등을 통해서 이민을 제한하며, 의사와 같이 사회적으로 수요가 있는 경제적 기술을 갖춘 사람들을 선호한다. 이러한 조건들은 정치공동체의 완전한 구성원이 되기 위해 전통적으로 필요하다고 여겨왔던 속성들을 체계적으로 나열하고 있으며, 그것들이 얼마나 차별적으로 여겨질지는 속성이 적용되는 맥락과 방식에 달려 있다. 만약 어떤 국가가 종족적으로나 문화적으로 비슷한 집단을 선호하는 것이 아니라 모든 국가로부터의 이민자들을 환영하는 것처럼 보인다면, 그리고 언어와 그 밖의 시험 요건을 충족할 수 있도록 돕는 공공의 지원이 있다면, 필요한 언어 능력이 기본적이고 정치와 문화에 대한 질문들이 상당히 명쾌하고 대부분의 시민들도 답할 수 있을 정도여서 모든 이민자들이 기존에 갖고 있는 정체성이나 관계들을 포기하게끔 강제하는 방식으로 설계되어 있지 않다면, 위와 같은 조건들도 폭넓은 지지를 받을 것이며 이민자들의 공동체 내에서도 최소한 논쟁적이진 않을 것이다. 예를 들어, 1960년대 이후로 시민권 정책과 이민 정책이 점차 개방화되고 있는 캐나다에서는, 이러한 정책들이 모두에게 받아들여졌다고는 할 수 없지만 대체로 정당하고 타당한 것으로 여겨지고 있다. 이민자들 입장에서도, 새로운 국가의 온전한 구성원이 되었음을 더 쉽게 느낄 수 있게 되었다. 이처럼 캐나다에서는 이민자들에게 요구되는 시민권의 외부적 기준이 더욱 폭넓고 다문화적인 내부적 정책과 짝을 이루고 있다. 하지만 반대로 영국과 같은 과거 제국주의 세력들이 그랬던 것처럼 인종차별이 섞이고 이민자들에 대한 의심을 토대로 제한 조건이 설정된 경우, 해당 정책들은 저의를 의심받게 될 것이며, 배타적인 정책이라 간주될 수밖에 없다. 최근에는 일부 정부가 이민자 집단과 테러리즘 사이의 관계에 대해 겁에 질린 반응을 보이면서 이민자들에 대한 공포가 심해졌는데, 대체로 토박이 시민들이 갖고 있는 이민자에 대한 잠재적인 공포를 누그러뜨리려는 시도들은 이민자 공동체를 소외하고 사회적 긴장을 가중함으로써 그들의 우려를 신빙성 있는 것으로 보이게 하는 등 오히려 역효과를 불러일으키는 경향을 보여왔다.

이러한 실패로 인해 시민권과 한 국가의 성원권을 연결 짓는 것이 전반적으로 잘못된 것처럼 여겨지기도 했다. 하지만 둘 사이에 연관성이 존재하는 한, 민족적 정치공동체에 참여하는 데 필요한 특성들이 반영된 기준에 의해 시민권을 제한적으로 부여하는 것은 정당화될 것이다. 일부 논평가들은 점차 세계화되어가고 있는 사회 속에서 성원권과 시민권을 연결 짓는 것은 현실적으로도 도덕적으로도 설득력을 갖기 어렵다고 주장하면서, 대신에 보편적인 인권의 차원에서 시민권을 정의해야 한다고 주장한다. 이제부터 이러한 식의 정의가 규범적으로, 그리고 현실적으로 가능한 것인지 살펴보고자 한다.

제 4 장

권리와 '권리를 가질 권리'

시민권은 흔히 권리와 같은 것으로 여겨진다. 간단히 생각하면 국가가 시행하는 시민권 정책은 어떤 것이든 시민들에게 동등한 권리—보통 '실정적' 혹은 '제도적' 권리라고 불리는—를 부여하는 방식으로 시행되기 때문이다. 예를 들어, 영국의 시민권은 누가 시민이며 그들에게 어떠한 자격이 주어지는지를 정하는 수많은 정책들—귀화 절차를 다루고 있는 국적, 이민, 난민에 관한 법(the Nationality, Immigration and Asylum Act 2002)부터 투표 절차를 다루는 국민대표법(the Representation of the People Act 2000)과 실업, 질병, 출산, 연금 등의 혜택과 관련된 다양한 사회보장법에 이르기까지—과 연관된 다양한 권리들에 의해 정의된다. 예로 든 법안을 비롯한 많은 법안에는 이처럼 영국 시민이라는 지위로부터 도출되는 투표부터 복지에 이르는 다양한 권리들이 상세히 나열되어 있다. 그렇지만 이러한 권리들의 세부적인 내용은 국가마다 서로 다르며, 심지어 한 국가 내에서도 상이할 수 있다. 잉글랜드에 거주하는 시민들의 권리는 스코틀랜드에 거주하는 시민들의 권리와 모든 면에서 완전히 같을 수 없으며, 미국이나 프랑스 시민들의 권리와는 더더욱 다를 것이다. 더 나아가 그러한 권리들의 내용이 반드시 공정하거나 공평해야 하는 것도 아니다. 나치의 법률도 독일 시민들에게—물론 많은 사람을 시민 이하의 존재로 취급하기도 했지만[1]—특정한 권리를 부여한 바 있으니 말이다.

그렇기 때문에 누군가 시민권의 근간으로서 권리를 이야기할 때는, 그것이 뭔가 다른 것을 의미할 때가 많다. 그런 사람들이 주장하고자 하는 바는 시민은 마땅히 인간의 도덕적 권리 혹은 인권이라고 여겨지는 것들로부터 도출된 실정적, 제도적 권리를 가져야만 한다는 것이다. 실제로, 거의 모든 국가는 일반적인 법률보다 상위에 있다고 여겨지는 헌정적 문서에 이러한 권리들 중 일부를 새겨넣었으며, 적어도 헌법재판소(혹은 관련 법원)에 의해 해당 권리들이 받아들여지고 보호되는 한 시민들은 개인으로서 누려야 할 인권 혹은 도덕적 권리를 제대로 보장하지 못한다는 이유로 현재의 실정적 권리들을 비판할 수 있다. 이런 면에서 권리는 시민권의 근간을 이루며, 이러한 권리들이 더 완전한 방식으로 보장되는 꾸준한—종종 멈칫거리는 경우도 있지만—실현 과정으로부터 시민권 정책의 발전도 기대할 수 있다. 여기서 더 중요한 점은, 시민권을 고찰하는 방식에 있어서 이와 같은 권리를 논하는 방식이 민족적 정치공동체의 성원권을 논하는 것에 비해 훨씬 대안적이면서도 더 정당한 방법으로서 제시된다는 점이다. 미국이 바로 이러한 권리중심적인 민족 정체성[2]의 모델로 알려져 있다. 대규모 이민 사회인 미국에서는 헌법을 준수하는 것이 미국 시민이 된다는 것의 의미와 가장 가까운 것으로 여겨진다. 또한, 헌법에 호소하는 것이 시민권이라는 용어에 중대한 변화를 가져올 수 있는 하나의 방법이 될 수 있음이 드러나기도 했는데, 1960년대의 시민권운동을 통해 미국의 시민권은 흑인들을 좀더 동등한 존재로서 포함할 수 있는 방식으로 점진적으로 확장되었다.

이러한 설명방식이 대중적인데다 분명히 매력적인 것은 사실이지만, 시민권과 권리 사이의 잠재적인 긴장 관계로 인해 두 가지 난점에 봉착하게 된다. 첫째, 권리가 모든 사람에게 적용되는 보편적인 것이라면, 특정한 정치공동체의 시민이 되는 것과 권리를 보장해주는 것은 서로 다른 것이 됨으로써 갈등이 발생할 수 있다. 정의의 관점에서 우리는 모든 사람들을 동등하게 배려하고 존중해야 하지만, 이러한 입장은 다른 사람들보다 동료 시민들에게 더 큰 관심을 갖고 대하라는 입장과 배치된다. 세계주의적 시민권 혹은 세계 시민권이 아마도 이에 대한 해결책이 될 수도 있겠으나, 앞으로 살펴보겠지만 그 역시도 현실적 차원과 당위적 차원에서 모두 문제를 갖고 있다. 둘째, 인권 개념을 둘러싼 합의, 즉 시민권의 이상의 중심에 놓여 있는 자유와 평등에 대한 약속들과 연관된 합의들이 점차 증가하고 있음에도 불구하고, 과연 어떤 구체적 권리들이 이러한 가치들과 그와 관련된 정책적 함의들을 가장 잘 구현해낼 수 있을지에 대해서는 광범위한 이견들이 존재한다. 1장에서 언급했던 것처럼, 민주적 시민권은 역설적이게도 권리를 가질 권리를 통해 스스로의 토대를 직접 마련함으로써 이러한 이견을 극복할 수 있는 방법을 제공한다. 하지만 다수가 소수의 희생을 통해 다수만의 이익을 증진하고자 한다면 민주주의와 권리는 서로 충돌하게 될 것이며, '권리를 가질 권리'는 권리를 증진하기 위한 권리가 아니라 권리를 억압하기 위한 권리로 변모하게 될 것이다. 이제부터 이러한 문제들을 순서대로 살펴보고자 한다.

인권과 세계주의적 시민권

인권은 우리가 다른 동료 인간들을 어떻게 대해야 하는지에 대한 문제와 관련되어 있다. 인권의 근원으로는 신이 부여한 자연법부터 인간 본성, 역사 혹은 이성에 이르기까지 여러 가지가 제시되어왔으며, 다양한 도덕적 가치와 원리가 이러한 근원들과 결부되어 있다. 여기서는 지금은 대부분 더이상 통용되지 않는 다양한 이론들을 하나하나 평가하지는 않을 것이다. 여기서는 오늘날 진지하게 다뤄지는 서로 다른 이론들이 모든 인간은 배려와 존중을 받을 자격이 있다는 기본적인 직관을 공통적으로 어떻게 설명하고 있는지에 대해서만 언급하고자 한다. 그 이론들에 따르면, 그 누구도 다른 인간에게 해서는 안 되는 일들이 있으며, 모두가 존엄한 삶을 살아가기 위한 기본적인 조건들을 누릴 수 있도록 우리 모두 노력해야 한다. 그러기 위해서 권리는 한편으로는 우리가 다른 사람들에게 하는 행동을 제한하고자 한다. 정당한 절차를 거치지 않은 폭력, 고문, 감금, 처벌을 받지 않을 기본적인 시민적 권리들이 이에 해당한다. 다른 한편으로 권리는 단순한 금지가 아닌 지원의 필요성을 내포하기도 한다. 최소한의 건강, 교육, 생활 수준에 대한 사회경제적 권리들이 이에 해당한다고 할 수 있다.

첫번째 권리 유형은 두번째 유형과는 달리 보편적으로 적용될 수 있다는 주장들이 제기되기도 한다. 우리는 단순히 특정한 행위를 하지 않는 것만으로도, 전 세계 사람들의 강간당하지 않을 권리, 살인당하지 않을 권리 등을 존중할 수 있다. 하지만 아무리 돈이 많은 사람이라 하더라도 도움을 필요로 하는 모든 사람들을 돕다보면 자원은 금방 바닥나고 말 것이며, 그렇다고 누군가에게는 도움을 주고 또 누군가는 돕지 않는다면 기준이 제멋대로인 것처럼 보인다. 그런 사람들은 보통 인도주의적 의무란 어려움에 처한 사람을 돕는 데 있어서 그것이 내가 할 수 있는 일이자 그 일로 인한 위험부담이 적거나 아예 없는 경우에만 부여되는 것이라고 생각한다. 그런 의미에서 대부분의 사람들은 부유한 국가가 자연재해로 피해를 입은 사람들에게 원조 물자를 보내지 않는 것은 뛰어난 수영 실력을 갖춘 사람이 수영장에 빠진 아이를 구하러 들어가지 않은 것만큼이나 비난받을 만한 일이라고 여긴다. 하지만 사람들은 동시에 이런 식의 도움받을 권리를 완전히 주장하려면 어떤 사람이 특정한 타인—예를 들면 자식과 같이 내가 보호해야 할 의무가 있는 사람, 내가 의도적이든 의도적이지 않든 어떤 식으로든 피해를 준 사람, 동료 시민처럼 내가 그러한 권리를 제공하기로 명시적으로 약속한 사람 등—을 도와야 한다는 특별한 책임을 가진 경우에만 가능하다고 주장한다. 이러한 관점에서는, 모든 사람의 인권을 존중하는 것과 정치공동체의 동료 구성원들에게 더 완전한 시민권의 권리를 인정하는 것은 전혀 상충하지 않는다. 그러므로 한 국가가 다른 국가의 시민들에게 뭔가를 강제하지 않았고 세계적 위기 상황을 대비한 구호 예산을 확보하고 있다면, 그것만으로도 그 국가는 책임을 완수한 셈이다.

하지만 많은 사람은 이게 그렇게 간단한 문제가 아니라고 주장한다. 우선, 대부분의 저발전국이나 개발도상국들이 겪고 있는 빈곤 문제나 보건 문제는 단순히 홍수, 가뭄, 지진과 같은 재난으로부터만 기인하는 것이 아니다. 부유한 국가들의 무역을 통한 구조적인 착취와 강압적 정권에 대한 직간접적 지원 역시도 그 원인이 될 수 있다. 물자 생산과 교환의 세계화 자체만으로도 선진국에 사는 대부분의 시민들은 거기서 발생하는 착취나 그러한 현상으로부터 이득을 취한다는 책임으로부터 완전히 자유로울 수 없다. 그렇기에 부유한 국가들에게는 단순한 인도주의적 지원의 의무를 넘어서, 전 세계의 가난하고 억압받는 자들을 도와야 할 책임이 존재한다. 그뿐만 아니라 신체적으로 강제되지 않을 권리를 보장하기 위해서는 단순히 그러한 행위를 하지 않는 것 이상의 조치가 요구된다는 점 역시 지적할 필요가 있다. 유감스럽게도 우리 주변에는 언제나 다른 사람들을 이용해먹을 준비가 되어 있는 사람들이 존재하기 때문이다. 사회적, 경제적 권리를 보장하기 위해 병원, 학교, 사회보장 시스템 등이 필요하듯, 시민적 권리 역시 사법 체계, 경찰력, 수감시설 등 상당한 비용이 드는 것들을 필요로 한다. 또한 국가 체제 간의 상호 교류가 점차 늘어나고 있는데다, 대부분의 경제적, 사회적 활동들—범죄를 포함하여—역시 국경을 넘나들기에, 두 유형의 권리들을 모두 보장하기 위해서는 국제적인 운영체계와 국제기구가 필요하다.

세계시민주의(cosmopolitanism)의 형태를 제안하는 것은 이런 상황에 대한 자연스러운 대응으로서 제시되어왔다. 세계시민주의라는 독트린은 고대로 거슬러올라가 로마의 스토아학파(stoic)와 연관되어 있다. 코스모폴리탄이라는 단어는 말 그대로 '**세계의 시민**(kosmopolitai)'을 의미하는데[3], 이 용어의 그리스 어원을 살펴보면 세계 시민권에는 세계 정치체, 즉 **코스모스 폴리스**(kosmos polis)의 존재가 전제되어 있음을 알 수 있다. 하지만 이러한 구상은 아주 명백한 문제를 일으키며, 이러한 문제는 아주 적은 숫자이기는 하지만 오늘날의 세계시민주의자들 가운데서도 분명하게 제기된 바 있다. 세계시민주의자들은 세계시민주의적 이상을 그리스식의 '정치적 시민권'이 아니라 로마제국식의 '법적 시민권'과 연계하고자 하는데, 세계 단위의 '법적 시민권'이 당면하게 될 문제들이 절대 만만치 않기 때문이다. 그 문제들을 순서대로 살펴보도록 하자.

여러 가지 기획을 통해 다양한 세계시민적 정치체들이 제시되어왔으나, 세계 시민권이라는 정치적 형태가 작동할 만한 세계적인 민주주의 시스템을 만들어내는 데에는 상당한 장애물들이 존재한다. 우선 크기가 문제가 된다. 민주주의가 작동하는 범위가 넓을수록 시민들의 영향력은 더 작아질 것이며, 시민들은 자신들의 권한이 줄어든다고 느끼게 될 것이다. 규모가 큰 민주주의국가에 살고 있는 많은 시민들이 이미 불만을 표하고 있는 마당에, 세계 민주주의 대표들은 어떤 형태가 되었건 거기서 더 나아가 수천 명이 아니라 수백만 명의 유권자에 대한 책임을 지게 될 것이다. 5장에서 살펴보겠지만, 각자의 선호를 양립 가능한 몇 개의 일관된 이념적 성향들로 취합해내는 것이 가능할 만한 충분한 공통성이 유권자들 사이에 존재하는 경우라면 이러한 문제는 어느 정도까지는 극복될 수 있다. 그런 상황이라면 시민들은 현존하는 정당들 중 어느 하나로부터는 자신이 적절하게 대표될 수 있다고 느낄 수 있으며, 동시에 자신이 지지하는 정당이 야당인 경우에도 완전히 배제되지는 않는다고 느낄 수 있다. 하지만 사람들 간에 깊은 분열이 존재하는 경우—특히 종족이나 문화와 관련해서—수적으로 열세인 소수집단에 속한 사람들은 소외되었다고 느끼거나 심지어는 억압받고 있다고 느낄 가능성이 더 높아진다. 그렇게 되면 그들은 중앙정부의 통제로부터 가능한 한 최대한의 자율성을 얻고자 노력하게 될 것이다.

이러한 분열의 다양한 양상들은 이미 많은 현존하는 국가들 내에서 문제를 일으키고 있으며—캐나다나 벨기에 같이 발전된 민주주의국가에서도 특정 문화적 집단의 분리주의적 경향이 점차 증가하는 것을 볼 수 있는데, 각 국가에서 프랑스어 혹은 네덜란드어를 사용하는 지역에 거주하는 시민들은 높은 비율로 분리독립을 추구하는 정당을 지지한다—세계 전체적으로 보았을 때는 그 문제가 더욱 심각하다. 문화와 종교는 정치와는 무관한, 순수하게 개인적인 문제여야 하며 그렇게 되리라는 것이 전통적인 자유주의의 입장이지만, 문화와 종교는 끈질기게도 대부분의 정치체제를 효율적으로 운영하는 데 있어 핵심적인 문제로 남아 있다. 일부 분석가들은 세계화를 통해 모두가 브랜드 청바지, 카푸치노, 콜라, 맥도날드 등의 취향을 갖게끔 만들어 문화를 어느 정도 동질화시킴으로써 이러한 문제를 극복할 것이라고 주장하기도 한다. 물론 세계화라는 과정을 통해 좋은 품질의 생산품들뿐만 아니라 나쁜 것들까지 널리 퍼졌고, 어느 때보다 많은 사람들이 세계주의적인 취향을 갖게 된 것은 맞지만, 문화적 다양성이 대중소비주의로 대체되는 현상을 완전히 매력적이거나 유망한 전망으로 여기기는 어렵다. 실제로, 서로 구분된 국가들의 체계가 매력적인 이유 중 하나가 바로 다양한 문화들이 번성할 수 있다는 데 있기 때문이다. 그뿐만 아니라, 대안적인 정권들의 존재는 독재국가들이 자신의 통치 방식을 개선하게끔 압력을 가할 수 있다. 그러한 국가들이 독재국가의 반대자들이나 다른 사람들에게 피신처가 되어줄 수 있기 때문이다. 오늘날의 세계시민주의 사상에 영감을 준 18세기 독일의 철학자 임마누엘 칸트 역시 세계정부는 그러한 대안들을 제거하므로 '하나의 전제주의'가 될 수 있음을 인정한 바 있다.[4]

그로 인해 대부분의 세계시민주의자들은 칸트와 마찬가지로, 일련의 국제적 합의들에 기속됨으로써 국제법—특히 UN 인권선언(1948)이나 유럽인권조약(1950)과 같은 권리장전—이 담고 있는 보편적인 정의의 원리를 준수하고자 하는 여러 국가의 체계를 선호한다. 칸트의 기획하에서는 개별 국가들이 여전히 정치적 권위의 주된 원천이 되지만, 그럼에도 많은 신칸트주의 세계시민주의자들은 인권으로부터 기인하는 세계적인 도덕적 의무들에 의해 국가 주권의 기반이 흔들리고 있다고 주장한다. 국가의 경계와 그에 대한 애착은 도덕적으로는 임의적인 것에 불과하고, 시민적 권리나 사회적 권리를 보장하기 위한 자원을 분배하는 데 있어서 동료 시민들에 대한 선호가 개입되어서는 안 된다. 정치적 권위를 지역적인 단위로 쪼개는 것이 편리할 순 있을지라도, 정치적 권위는 국제적인 법적 권위 아래 놓여야 하며 더 나아가 세계주의적인 목적을 위해 행사되어야만 한다.

이러한 논의에 따르면, 세계시민주의는 우리가 2장에서 살펴보았던 법적 시민권에 대한 로마제국의 관점을 좀더 정당하게 만든 형태인 것처럼 보인다. 하지만 이 역시도 우리가 앞서 살펴보았던 문제들과 유사한 문제들—특히 정치적 시민권이 격하되는 등—을 겪을 수밖에 없다. 첫째, 우리는 삶에서 중요한 것이 무엇인지 그리고 사회가 어떻게 작동하는지와 관련해 우리가 견지하고 있는 다양한 문화적, 도덕적, 이념적 신념들의 프리즘을 통해 권리를 이해하려는 경향이 있다. 그렇기에 기본권의 개략적인 내용에 대해서야 완전하지는 않더라도 상당한 동의를 얻어낼 수 있겠지만, 실행의 측면에서 구체적으로 무엇을 해야 하는지에 대해서는 합의를 이루기가 훨씬 더 어려울 것이다. 예를 들어, 도덕적 책임이나 사회의 작동방식에 대한 관점이 서로 다르다면, 어떤 상황에서 권리가 침해되었는지 침해되지 않았는지, 그리고 권리침해가 누구에 의한 것인지에 대한 관점 역시 달라질 뿐만 아니라 심지어는 서로 충돌하게 될 것이다. 이를테면, 이런 식의 관점 차이는 자유시장의 영향력이 특정 사회문제에 끼치는 영향력에 대한 판단—가난한 사람들이 저임금 일자리를 선택한 것이 얼마만큼 '자유로운' 행위인지, 경영자는 이윤 창출에 대해서만 책임을 지면 되는지 아니면 공급자, 직원, 고객 들의 복지에 대해서도 책임을 져야 하는지 등—에도 영향을 끼칠 수 있다. 이때 생각이 서로 다른 사람들 모두 불간섭이라는 시민적 권리의 중요성에 대해서만큼은 동의할 텐데도 말이다. 이와 마찬가지로, 신실한 사람들은 종교적 신념이 요구하는 관행들이 권리를 만들어낸다고 간주하는 반면, 그렇지 않은 사람들은 다르게 생각할 테지만, 양측 모두 표현의 자유와 사상의 자유의 중요성에 대해서는 공감할 것이다. 그들은 단지 해당 권리가 어떤 경우에 적용될 수 있는지에 대해서만 이견이 있을 뿐이다. 어떤 국가와도 비교가 안 되는 지구 전체의 크기나 다양성을 생각한다면, 세계주의적 체제하에서 이러한 경험적, 규범적 불일치는 한 국가 내에서 발생하는 불일치보다 훨씬 더 클 수밖에 없다.

둘째, 이러한 불일치가 의미하는 바는, 세계주의적 시민권이라는 순수하게 법적인 기획하에서 국제재판소가 특정 개인의 권리침해 여부에 대한 매우 논쟁적인 규범적, 경험적 판단들을 내려야만 한다는 것이다. 물론 한 국가의 법원 또한 매우 논쟁적인 판결을 내려야만 할 때가 있다. 하지만 국내 재판소는 서서히 발전해온 그 나라의 정치 문화—오랜 기간 동안 정치인, 언론, 일반 대중이 사법부에 가해온 수많은 공식적, 비공식적인 압력들이 반영된—에 의해 형성되어온 다량

10. 국제사법재판소에서의 심리(審理, session).

의 판례들에 비추어 판단을 내릴 수 있다. 실제로 아주 논쟁적인 법원의 판결도 장기적으로는 지속적인 다수의 국민적 여론과 맞아간다는 것이 연구를 통해 밝혀지기도 했다. 하지만 세계정부하에서는, 세계정부 수립의 어려움과 관련하여 위에서 살펴보았던 이유들로 인해 전 세계 대중의 의견을 취합하거나 여론에 영향을 미치는 것이 훨씬 더 어려워진다. 게다가, 의견이 더욱 다양해질수록 수많은 소수 의견들에 대한 다수의 폭정은 그 위험성이 더 높아진다. 국제인권헌장은 흔히 대표성 없는 압력 단체들의 희망사항을 적어둔 목록에 불과하다며 조롱의 대상이 되기도 한다. 이러한 비판들을 뛰어넘고 국제재판소의 효과적 운영을 위해 필요한 자원들을 장악하려면, 권리들에 대한 폭넓은 정치적 지지가 필요하다. 즉, 법적인 판결이 준수되려면 사람들이 그러한 결정에 대해 공감할 수 있어야 한다. 민주주의는 원만하게 이견을 조정하고 실행 가능한 타협에 이를 수 있도록 하는 기본적인 메커니즘을 제공함으로써 시민들이 그들 자신의 것이라고 여길 만한 법률이 만들어질 수 있게끔 한다. 하지만 안타깝게도, 지금까지 살펴봤듯 이러한 체계의 전제조건은 세계적인 수준에서는 마련될 수가 없다.

여기서 우리는 난문제에 봉착한 것처럼 보인다. 정의의 관점에서 본다면 어떤 식으로든 세계시민주의적 기획 안에서 시민권과 권리를 연결해야만 할 것처럼 보인다. 하지만 권리 중심적 시민권의 법적 형태는 정당성을 확보하고 그에 대한 지지를 얻어내기에는 논란의 소지가 있으며, 응당한 권위를 갖춘 정당성을 확보하게 해줄 정치적 시민권의 형태는 세계적인 규모에서는 작동하지 않을 것처럼 보인다. 그렇다면 국가 단위에서 권리와 시민권과 민주주의를 연결해내면서도, 동시에 다른 국가의 시민들 혹은 국가를 갖지 못한 시민들의 권리를 존중해야 한다는 우리의 세계시민주의적 의무 역시 인정할 방법이 있을까? 나는 방법이 있다고 생각하며 다음 부분에서 그 가능성을 그려내보겠다.

'권리를 가질 권리': 국가 시민권과 세계 정의

시민권은 두 가지 중요한 측면에서 '권리를 가질 권리'를 제공한다. 첫째, 지난 장에서 살펴봤듯, 시민으로서의 성원권을 갖는다는 것은 해당 정치공동체에서 제공되는 '실정적', '제도적' 권리에 대한 접근권이 생긴다는 것을 의미한다. 둘째, 1장과 2장에서 언급했듯, 정치적 시민권은 권리를 주장할 수 있는 수단이자 해당 권리를 구체화하고 권리가 시행되는 방식을 만들어나갈 수 있는 수단이 되어준다. 여기에서는 이러한 '권리' 그 자체가 특정한 권리를 전제하고 있지는 않은지, 그리고 해당 '권리'를 보장하는 것이 동료 시민이 아닌 사람들의 권리를 인정하는 문제와 얼마만큼 양립 가능한지 살펴보고자 한다.

앞서 성원권의 기준을 논할 때, 정치적 시민으로서 참여한다는 것은 공적인 사안에 대해 배우고 토론할 수 있는 능력을 비롯한 특정한 자질과 능력을 전제하고 있음을 언급한 바 있다. 그리고 모든 사람에게 이러한 기회를 보장한다는 것은 시민들에게 사상과 표현의 자유, 알권리, 더 나아가서는 기초 교육에 대한 권리까지도 보장하는 것을 시사한다. 이와 마찬가지로, 선거에 참여할 수 있다는 것 역시도 단순히 투표권이 있다는 것만을 의미한다기보다는 집회·결사의 자유와 정기적인 선거 등을 포함하는 개념이라 할 수 있다. 이처럼 민주적 시민권을 행사하는 데 있어 다양한 종류의 권리가 수반된다는 사실로부터 공통적으로 도출되는 내용은, 이러한 권리들이 시민권의 전제조건이 되어야만 한다는 것이다. 이에 따르면, 시민들은 자국의 권리장전과 아마도 국제적인 권리장전하에서 특별한 보호를 받을 자격을 누리며, 심지어 민주적 시민권이 행사된 결과로부터도 보호받을 수 있어야 한다. 실제로, 이러한 주장을 지지하는 사람들 일부는 거의 상상할 수 있는 모든 권리들이 어떤 식으로든 민주적 시민권과 연계되어 있다는 결론을 내기도 한다. 하지만 법적인 절차를 통해 보장되는 헌정적 문서들에 이러한 권리들을 단단히 새겨넣어 거기에 어떠한 정치적 영향력도 닿을 수 없게 된다면, 이는 역설적으로 민주적 시민권의 실제적인 행사를 어렵게 하는 결과로 이어지게 된다.

그런 면에서 시민권은 일련의 선정치적 권리들의 존재를 전제하고 있다는 주장에 어느 정도 참인 부분이 있긴 하지만, 어떤 면에선 앞뒤가 바뀐 문장인 것처럼 보이기도 한다. 우리는 이미 2장에서 위에 언급한 권리들이 모두 시민적인 행위들의 산물임을 살펴본 바 있다. 그뿐만 아니라, 더 나아간 정치적 압력을 통해 권리는 새로운 주체들—남성들뿐만 아니라 여성들도—을 포함하는 방향으로 점진적으로 확대되었고, 새로운 영역—좁은 의미에서의 정치적 영역에서뿐만 아니라 직장, 가족, 문화의 영역에까지—에 적용되었으며, 정부나 타인으로부터 간섭받지 않을 권리뿐만 아니라 교육과 같은 특정한 재화에 접근할 권리가 인식되는 등 범위가 세분화되었으며, 종교적, 문화적 차이를 비롯한 여러 차이를 수용할 수 있도록 권리에 대한 입법 및 판결의 형식이 확장되었다. 지금도 계속되는 이러한 정치적 과정들은 권리의 범위를 확장할 뿐만 아니라 깊이 있게 만들고, 현대의 삶의 다양성과 복잡성을 반영할 수 있도록 만들어 나가는 데 있어 필수적이다. 동시에, 이러한 과정들은 정치적 시민이 된다는 것—누가 시민

11. 1963년 8월 28일 미국 시민권운동에 있어 결정적 순간이었던 '나는 꿈이 있습니다'라는 연설을 하기 직전의 마틴 루서 킹. 일자리와 자유를 위한 워싱턴에서의 행진 행사 도중 링컨 메모리얼 계단 위에서.

인지, 그리고 정치체제하에서 시민들은 어떻게 행위할 수 있으며 어떻게 공동체의 결정이나 그 형태에 영향을 끼칠 수 있는지—의 의미를 변화시켰다.

그렇기에 시민권을 규정하는 권리는 시민들의 정치적 행위들—새로운 법안을 통과시키기 위해 정치인들을 설득하고자 유권자 혹은 압력단체로서 활동하거나, 법원에 새로운 소송사건을 가져가는 등—을 통해 계속해서 새롭게 정의되는 과정 속에 놓여 있다고 간주되어야 한다. 시민들은 바로 이러한 행위들을 통해 다른 사람들과 동등한 조건하에서 자신의 삶에 있어 중요한 목표와 이익을 추구할 수 있는 자유를 증진하는 방향으로 사회적, 법적 구조들을 개선하고자 노력한다. 시민들은 또한 사람들 간에, 혹은 추구하는 목표 간에 존재하는 다양한 유사점과 차이점에 대해 상호 이해를 구함으로써 자신에게 가해지는 부당한 차별이나 불이익을 제거하고자 노력하기도 한다. 일례로, 여성들은 이러한 과정을 통해 출산휴가에 대한 권리를 쟁취하였고, 그다음으로는 느리기는 하지만 직장에서의 아이 돌봄에 대한 제한적인 지원을 얻어냈다.

정치적 권리를 비롯한 여러 권리가 헌정적 문서에 새겨져 있다 하더라도, 그 역시 진화하는 사회적 요구와 관점들을 반영한 정치적 압력으로부터 발생하는 지속적인 재해석 과정을 거치는 것은 마찬가지다. 그러한 권리를 일반 법률에 명시하는 영국 같은 나라에 비해 변화 속도가 느리긴 하겠지만 말이다. 물론 권리가 헌법에 새겨진다면, 자신의 편의를 위해서 혹은 포퓰리즘적인 공포나 편견에 대한 대응으로서 권리를 축소하려는 정치인들로부터 권리를 지켜낼 수 있을 것이고, 또한 문서에 명시된 권리를 요구하는 대중적인 운동을 고취시킬 수 있을 것이다. 하지만 이러한 두 가지 이론적 가능성들이 현실에서도 작동한다는 뚜렷한 근거는 없다. 위에서 언급했듯, 법원이 국민 다수의 지속적인 의견으로부터 벗어나는 경우는 거의 없다. 법원 역시 정치체제의 일부분이므로 자연스럽게 그 내부의 장기적인 추세를 반영하고자 하기 때문이다. 이런 점에서 법 개정의 문턱을 높이는 행위는 오히려 변화의 속도를 늦추는 현상 유지 편향을 발생시킨다. 그리고 개혁을 원하는 것은 소외계층이라는 점에서, 이러한 경향은 현재 기득권을 누리고 있는 사람들이 자연스럽게 이득을 보게끔 한다. 적어도 문화적으로 동질적인 사회에서는 그 안에 내재된 평등주의적이고 집단적인 경향성으로 인해—이 내용은 다음 장에서 훨씬 더 자세히 다룰 예정이다—다수결주의가 일반적으로 진보적인 모습을 보이는 반면, 현상 유지 편향은 퇴보하는 경향이 있으며 특히 부의 재분배가 요구되는 사회적, 경제적 권리 문제와 결부되었을 때 더 그런 경우가 많다. 실제로 현상 유지 편향으로 인해 미국에서는 서유럽과 비교했을 때,

노동에 대한 입법과 보건복지 정책들이 만들어지는 데 꽤나 제약이 있었다.

헌법재판소가 나서서 소수집단을 보호하고자 노력한다 하더라도, 정부가 해당 권리를 법률과 정책에 포함시킬 정도로 권리에 대한 시민들의 관심이 충분하지 않다면 바뀌는 것은 거의 없을 것이다. 1954년에 있었던 미국 연방대법원의 역사적인 판례인 브라운 대 토피카 교육위원회 판례를 살펴보자. 이 판결은 '분리된 교육시설은 그 자체로 불평등하다'고 선언함으로써, 미국 남부 주에서 흑인과 백인이 사용하는 시설을 '분리하되 평등'하기만 하다면 허용 가능하다고 했던 종전의 플레시 대 퍼거슨(1896) 판례를 뒤집었으며, 그 결과 인종적 분리는 미국 수정헌법 14조 평등 보호 조항에 위배되는 것으로 확정되었다. 하지만 이 판결이 내려지고 10년이 지난 뒤에도 남부 주에서 흑인과 백인을 구별하지 않는 학교에 다니는 흑인 학생의 비율은 1.2%에 불과했다. 진정한 변화는 아프리카계 미국인들의 시민권운동과 같은 정치적인 움직임과 의회에서 법안 통과—민권법(civil rights act, 1964)과 선거권법(voting rights act, 1965)—가 있은 후에야 비로소 시작되었다. 브라운 판결이 정치적 행동이나 법 통과에 대한 지지를 이끌어내는 데 도움이 되었을지는 모르나, 그와는 별개로 인종 차별에 대항한 대중 시위는 어쨌건 간에 분명히 일어날 사건이었다. 그런 한편, 법원의 결정은 남부의 백인 정치인들과 개혁에 강경하게 반대하는—때로는 폭력적이기도 한—세력들이 우경화되는 계기가 되기도 했다. 어떤 경우에서건, 브라운 판결은 대부분의 아프리카계 미국인의 실질적인 생활 조건을 긍정적으로든 부정적으로든 변화시키는 데 실패했다. 광범위한 사회개혁에 필요한 비용을 치르고자 하는 다수가 형성되어야만 미국 내의 인종 간 빈곤 격차 문제에 제대로 대응할 수 있을 것이다.

세계적인 차원으로 가면, 법원이 대중의 정치적 영향력으로부터 더 소외되어 있을 확률이 높으며, 이는 법원측에 훨씬 쉽게 접근할 수 있는 특권 세력 쪽으로 더 기울어진 결정이 내려질 위험성을 높인다. 물론 국제적인 협조가 요구되는 영역인 환경이나 빈곤 분야 등에서 국경을 초월한 사회, 정치적 움직임들이 존재하는 것은 사실이다. 하지만 매우 강력한 영리적 이해관계들을 대변하는 막강한 자금력을 갖춘 로비스트들 역시 존재할 뿐만 아니라, 아무리 국경을 초월한 운동이라 하더라도 실제적인 국제적 영향력을 갖기 위해서는 여전히 다양한 국가들의 국내 정치에 영향력을 발휘해야만 한다. 초국가적인 운동 단체들이 변화를 촉구할 수 있는 세계 정치적 권위체가 없기 때문이다. 국제연합이나 유럽연합과 같은 국제기구들마저도 운영에 있어서는 대부분 각국 정부 간 소통하

12. 브뤼셀에서 열리는 유럽연합의 각료이사회(council) 회의 모습.

는 방식으로 이루어져 있는 실정이다. 이처럼 국제 권리 체제가 국제질서를 지지하는 사람들을 실망시키는 경향이 있기는 하지만, 낙담할 필요는 없다. 국가들이 국제적인 기구들을 만들었다는 사실이 말해주는 것은, 시민권과 권리를 국가 내에서 주로 다뤄지는 것으로 여긴다고 해서 세계적인 차원에서 권리를 추구하는 것이 불가능해지는 것은 아니라는 점이다. 실제로 시민권을 자신이 속한 정치공동체 내에서 권리를 가질 권리로 바라보는 것은 여러 가지 측면에서 다른 공동체에 속해 있는 시민들의 권리를 인정하고 지지하는 것을 포함할 수 있다.

첫째, 시민들이 국가를 '권리를 가질 권리'를 행사할 수 있는 터전으로 바라보는 것은, 국가가 시민들이 상호작용할 수 있는 정당한 조건을 마련하기 위해 노력해야 함을 시사하고 있다. 이와 마찬가지로, 국가들은 세계에 거주하는 모든 개인들이 아니라 국가를 대상으로 하는 세계 정의에 대한 조건을 마련해야만 하며, 각 국가 정부는 마치 선출직들이 유권자들을 대표하듯 국가의 대표 역할을 수행해야 한다. 이를 위한 국제협약들은 이중적인 목적을 갖게 된다. 한편으로는 모든 국가의 시민들이 혜택을 누리게 될 집단적 가치를 지켜내고자 하며, 다른 한편으로는 특정 국가 시민들의 권리를 행사할 수 있는 능력을 훼손할 여지가 있는 다른 국가의 간섭 행위들로부터 그들을 지켜내고자 한다.

실제로 많은 협약들은 이러한 두 가지 요소를 모두 포함하고 있다. 불가침조약과 집단안전보장 제도는 평화라는 집단적 가치를 증진하고자 노력하며, 환경을 보호하고자 하는 실천들도 이와 마찬가지로 집단적 차원에서 배기가스를 감축하거나 어류 자원을 고갈하는 남획을 규제하는 등의 국제협약을 통해 이루어지고 있다. 이러한 종류의 협약들은 국가들로 하여금 장기간의 공동 이익을 위해 단기간의 이득을 포기하도록 하며, 다른 국가들이 배출물을 줄일 때 계속해서 오염물질을 배출하면서 비용 없이 개선된 환경을 누리기만 하는 식으로 무임승차하려는 국가가 나오지 않도록 고안되어 있다.

국제적 영역에서 흔하게 존재하는, 잠재적으로 모두에게 이득이 되는 해결방식은 부유한 국가들이 가난한 국가들에 비해 장기간의 희생을 치러야만 하는 해결방식에 비해 당연히 더 쉽게 마련될 수 있다. 아동노동 착취 금지를 비롯한 여타 억압적인 노동환경을 금지하는 것에서부터 부채 탕감에 이르는 다양한 사안들에서 느리지만 꾸준한 발전이 이루어지고 있다. 보다 일반적으로는, 부유한 국가와 가난한 국가들 사이의 교역 조건이 동등해야 한다는 인식이 점차 확산되고 있다. 예를 들어, 부유한 국가는 다른 국가에게 자신들의 농업생산물을 수입할 것을 의무화하면서, 동시에 자국의 농업종

사자들을 보호하려고 해서는 안 된다. 이러한 수단은 일부 세계시민주의자들이 주장하는 세계적인 부의 재분배에는 훨씬 못 미치지만, 그럼에도 시간이 지나면서 재분배적 효과를 보여주고 있다. 이 장의 앞부분에서 언급했듯이, 어떤 복지국가든 반(反)착취와 반(反)차별은 기본이나, 다른 사람에게 적극적인 도움을 제공하는 방향으로 주장을 더 강화하게 되면, 모든 사람들은 다른 사람에게 공평하게 행동하고 사회에서 각자의 몫을 다해야 한다는 생각을 추가적으로 갖게 된다. 전 지구적으로 작동할 수 있는 포괄적인 복지 시스템에 필요한 시민들 간의 더 깊은 연대감과 호혜주의의 발전에 있어 전 세계라는 큰 규모가 장애물이 되는 것은 사실이다. 그러나, 타인을 착취하지 않고 각자의 복지 시스템을 만들어내고자 하는 노력을 방해하지 않겠다는 약속은 자국의 시민을 위해 그러한 시스템을 발전시키고자 하는 국가라면 모두 준수해야 할 엄격한 정의의 요건으로 간주될 수 있다. 더 나아가 이런 방식은 국가별로 제공할 수 있는 것들에 다양성을 허용한다. 시민들은 각기 다른 요소들을 우선시하고, 자금을 모을 수 있는 대안적인 방식을 활용해보고, 공급방식에 있어 공적인 방식과 사적인 방식을 다양하게 섞는 등, 각자의 정치 문화에 들어맞는 복지가 무엇인지 조정해나갈 수 있다.

권리를 가질 권리의 국제적 차원의 두번째 측면, 즉 정치공동체들에게 자결권이 인정되어야 한다는 것 역시 이와 비슷한 방식으로 설명될 수 있다. 이것이 모든 민족, 문화, 종족 집단이 반드시 그들만의 국가를 가져야만 한다는 것을 의미하는 것은 아니다. 이미 살펴봤듯, 그러한 집단의 숫자는 현존하는 국가의 개수를 훨씬 상회한다. 자결권의 필요성을 통해 이야기하고자 하는 바는, 자치정부에 대한 갈망이 표출된 곳에서는 권한을 이양하거나 권력을 공유할 수 있는 제도를 만들어내려는 노력이 필요하다는 것이다. 그렇게 해야 기존의 정치적 단위체가 계속해서 작동하는 것이 가능해진다. 그러한 요구를 억누르려고 하고, 정권이 무너지는 순간 그러한 요구가 표출되는 것은 독재정권이라는 신호일 뿐이다. 1989년 이후 중유럽과 동유럽의 구소련 국가들, 그리고 사담 후세인 이후의 이라크에서 그랬던 것처럼 말이다. 이러한 논리라면, 이민자들에게 차별적인 구성원 자격 기준을 적용해서는 안 된다는 주장도 타당하게 된다. 향후 시민이 될 사람이라면 적당한 거주 요건을 충족하여 그들이 선택한 국가에 대한 일정 정도의 헌신을 보여주어야만 하고, 새로운 국가의 온전한 구성원으로서 활동할 수 있어야 하는 것은 맞지만, 고학력자나 구사할 수 있는 정도의 문해력을 요구하는 등 대부분의 기존 시민들이 달성할 수 있는 것보다 훨씬 더 높은 자격 기준을 설정하는 것은 부당한 일이다.[5]

마지막으로, 국가들과 각 국가의 시민들은 모두의 인도주의적 권리를 수호할 전 세계적 의무를 갖고 있다. 이는 앞서 논의했듯 위기 상황에 원조를 보낼 수 있어야 함을 의미할 뿐만 아니라, 시민들을 억압하는 정권을 존속시켜서는 안 된다는 것까지도 포함한다. 이러한 의무에 근거해, 다른 국가에서 벌어지는 집단학살이나 시민들에 대한 대량 살상을 막기 위한 목적으로 수행되는 인도주의적 개입을 지지할 수 있다. 하지만 이러한 개입은 언제나 사안에 따라 다르게 판단되어야 한다. 그동안의 경험을 통해 개입이 오히려 역효과를 낳거나 상황을 더 악화시킬 수 있다는 것을 알게 되었으며, 때로는 단순히 정권의 탄압 능력을 억제하는 식의 덜 극단적인 방식이 비록 이상과는 거리가 멀더라도 더 나은 해결책이 되기도 하기 때문이다. 그리고 권리를 가질 권리라는 프리즘을 통해 인도주의적 권리를 지지한다면, 망명 신청자들이 본국으로 안전하게 돌아갈 수 있는 가능성이 요원하거나 이미 해당 국가에 완전히 정착한 경우에 한해 국가에게 그들을 받아들이고 그들의 귀화를 허용해야 할 분명한 의무가 있다고 말할 수 있다.[6]

요약하자면, 시민권에 있어서 권리란 특정한 권리들을 내포하는 개념인 것은 사실이나, 법적 시민권의 속성을 생각해본다면 그 특정한 권리들이 곧 시민권이라는 전체적인 개념을 의미하는 것으로 여겨져서는 안 된다. 대신, 권리는 더 완전한 시민이 되는 것, 즉 권리를 창출할 수 있는 정치적 의미에서의 시민이 되는 것과 연관지어 생각되어야 한다. 모든 현실적인 이유들을 고려한다면 정치적 시민권의 행사는 국가 수준에서 가장 잘 이루어질 수 있는 것이 사실이나, 이것이 세계적 혹은 세계주의적 시민권 개념을 부정하는 것은 아니다. 대신, 이는 국가들과 각 국가의 시민들에게 모두가 자치적인 정치공동체 안에서 시민권을 행사할 수 있는 가능성을 보장할 의무를 부여한다. 한편으로 이러한 의무에는 다른 국가를 착취하거나 지배하여 해당 국가 시민들이 스스로 통치할 수 있는 역량을 훼손하지 않아야 할 의무가 포함되어 있으며, 다른 한편 이러한 의무하에서 국가는 시민이 아닌 사람들도 차별적이지 않은 조건에서 성원권을 얻을 수 있도록 허용하여야 한다.

제 5 장

참여와 민주주의

우리는 2장에서 고대 그리스 사람들에게 있어 정치적 참여가 어떠한 방식으로 시민권의 본질적 부분을 이루는지 살펴본 바 있다. 시민권의 지위가 내포하는 시민적 평등이라는 약속을 향유하기 위해서는, 모든 시민들이 정치적 과정 속에서 자신의 역할을 수행해야만 한다. 그렇지 않다면, 시민들은 지배하는 동시에 지배받는 것이 아니라, 단순히 지배받는 존재가 된다. 실제로 영어에서 '바보(idiot)'라는 단어는 공적 영역을 무시하고서 사적인 일에만 전적으로 몰두하는 사람을 묘사하는 용어인 그리스어 'idiotes'로부터 나온 말이다. 지금이야 대부분의 사람들이 '바보'가 되려는 경향이 있지만 말이다.

민주주의가 확립된 모든 국가들에서 투표율과 정치인들에

대한 신뢰가 서서히, 하지만 꾸준히 감소하면서, 민주주의 정치에 대한 환상은 그 어느 때보다도 확실히 무너진 듯하다. 정치적 시민권은 지나치게 요구하는 게 많다는 이유로, 또 그만한 가치가 있는 것인지 확실치 않다는 이유로 외면당하고 있다. 사람들은 점점 더 이 책에서 이야기한 '법적 시민권이라는 로마제국식 관점'을 받아들이고 있다. 사람들이 신뢰를 보내고 있는 것은, 최선의 경우라 하더라도 비효율적인데다 최악의 경우에는 치명적일 수도 있는 정치가 아니라, 법원을 비롯해 중립적이라고 여겨지며 전문가들에 의해 관리되는 여타 다른 기구들이며, 이들 기구는 사람들의 행위에 대한 동등한 틀을 제공한다. 나는 이미 책 전반에 걸쳐 이러한 종류의 주장에 내재된 전제들에 대해 다양한 관점에서 의문을 제기한 바 있다. 이 장에서는 더욱 체계적인 방식으로 시민권과 민주 정치의 상관관계를 입증하고자 한다. 특히 미국, 영국, 스웨덴, 독일, 뉴질랜드, 오스트레일리아, 캐나다와 같은 정착된 민주주의국가에서 행해지는 방식의 민주정치를 얘기할 때 흔히 등장하는 냉소나 비판들이 적절치 않다는 점에 대해 이야기해보고 싶다.

2장에서 우리는 지금까지 살펴본 많은 정치적 용어들과 마찬가지로, '민주주의(democracy)'라는 용어 역시 '인민(demos)이 지배한다(kratos)'는 뜻의 그리스어로부터 기원했다는 점을 살펴본 바 있다. 또한 3장에서 누가 '인민(people)'인지에 대한 문제는 다양한 방식의 대답이 가능한 수많은 질문들—여성과 노예가 배제되었던 고대 그리스의 사례와 같은 매우 좁은 범위에서부터, 전체 인류를 포함하는 세계시민주의적 논의와 같은 넓은 범위에 이르기까지—을 불러일으킨다는 점 역시 살펴본 바 있다. 인민이 지배한다고 할 때의 '지배한다'는 것의 본질과 의미가 무엇인지에 관해서도 이와 비슷한 문제들이 존재한다. '지배한다'는 것이 의미하는 바 역시 매우 좁게도 매우 넓게도 이해될 수 있다. 가장 넓게 이야기하자면, 민주적 지배가 의미하는 것은 관련된 모든 사람들이 합의에 의해 모든 집단적 결정을 내린다는 것이다. 가장 좁게 이야기한다면, 민주적 지배란 단순히 통치자가—우연히 통치자가 되었든 아니면 인민에 의해 선출되었든—모든 인민의 이익을 위해 다스려야 한다는 의미로 해석된다. 이러한 관점에서 본다면 세습군주제하에서 계몽 군주의 지배도 그것이 자비롭고 인민들에게 이익이 되기만 한다면 '민주적'인 것이 된다. 오늘날 현존하는 민주주의 체제에서의 민주적 지배란 두 입장의 중간 어딘가에 위치하고 있으며, 이때 민주적 지배란 통치자가 어느 정도는 지배받는 사람들에 의해 선택되고, 그들에 대한 책임을 지고, 그들에 의해 제거될 수 있어야 한다는 것을 의미한다.

'실제의' 혹은 '현실적인' 민주주의라고 불리는 것에 대한 대부분의 비판은 소위 '이상적'이라고 여겨지는 민주주의가 가질 만한 우월성—그것이 모든 사람들이 법률을 제정하고 집행하는 데 직접 참여하는 민주적 지배라는 광의의 개념으로부터 기인한 것이든, 혹은 편견이나 사익으로부터 자유로우면서도 자기 자신만을 위해서가 아니라 인민을 위해 통치할 능력과 의지를 갖고 있는 자비로운 전문가 지배계층을 상상하는 협의의 개념으로부터 기인한 것이든—과의 비교로부터 기인한다. 이 장의 첫번째 부분에서는 두 가지 대안 각각이 갖고 있는 문제점을 지적할 예정이다. 두 대안 모두 시민권의 핵심이라고 할 수 있는 '동등한 사람들로 구성된 정치적 공동체'라는 관념을 제대로 담아내지 못한다는 것을 알게 될 것이다. 두번째 부분에서는 오늘날의 민주주의적인 관행들이 '동등한 사람들로 구성된 정치적 공동체'를 구현하기 위해 얼마나 기여하고 있는지를 살펴봄으로써, 이러한 관념에 좀더 부합하는 민주주의에 대한 대안적인 논의를 제공하고자 한다. 마지막으로, 세번째 부분에서는 현대사회의 정치적 시민권의 전망에 대한 생각들과 함께 이 장과 책 전체를 마무리짓고자 한다.

민주주의란 무엇이며 시민권에 있어서 그것이 왜 중요한가?

이 부분에서는 모든 시민들이 입법 과정에 참여하는 '직접' 민주주의 혹은 '참여' 민주주의와 어떤 참여도 요구되지 않는 수호자주의(guardianship)를 살펴볼 예정이다. 두 입장의 문제점들을 짚어보는 과정에서, 오늘날 실제 운용되는 대부분의 민주주의 체제의 특징인 대의 민주주의를 이루는 실제 제도들의 장점들을 부각해보고자 한다.

(1) 참여민주주의

18세기 프랑스 철학자이자 참여적인 시민권이라는 고대적 모델의 마지막 위대한 옹호자인 장 자크 루소가 남긴 유명한 말 중에는 '영국 인민은 오직 의회 구성원을 선출하는 동안만 자유롭다. 선출이 끝나면 그 즉시 인민은 노예이고, 없는 것이나 마찬가지다'[1]라는 문장이 있다. 오늘날 민주주의의 많은 비판자들은 이보다 더 나아가서, 오늘날의 인민들은 심지어 입법부를 선출할 때마저도 다스\리지 못한다며 불만을 표한다. 그들이 보기에 인민들은 기껏해야 선택의 여지가 별로 없는 미리 선정된 최종 후보자 명단 안에서만 투표할 수 있을 뿐이다. 나는 이제부터 민주적 선거를 이런 식으로 묘사하는 것이 정확한 설명인지, 그렇지 않다면 과연 대안은 있을지 살펴볼 예정이다.

민주주의의 가장 극단적인 모습을 상상해보자면, 급진적인 민주주의적 입장은 무정부주의와 거의 같은 것이 된다. 이러한 관점에 따르면, 사람들은 모든 결정에 참여하고, 모든 대안들을 고려해볼 수 있고, 만장일치의 결론에 도달할 때만 민주적으로 스스로를 지배한다고 할 수 있다. 그렇지 않다면, 어떤 투표에서든 소수의 입장을 택한 사람들은 스스로 지배하는 것이 아니라 다수의 결정에 의해 지배받게 될 것이기 때문이다. 하지만 실제 현실에서 이와 같이 스스로 지배하기가 얼마나 어려울지 상상하기란 그리 어렵지 않다. 어떤 선거에서 상속세, 병원에 대한 예산, 국제조약의 조건, 그리고 해외에서의 군사작전 참여라는 네 가지 주요한 의제를 다루고 있다고 상상해보자. 첫번째 안건에 대해서는 가능한 정책이 세 가지, 두번째 안건에 대해서는 다섯 가지, 세번째 안건에 대해서는 네 가지, 마지막 안건에 대해서는 두 가지가 있다고 해보자. 그렇게 되면 시민들이 해당 안건들에 대해 취할 수 있는 입장은 총 120가지(3×5×4×2)가 된다. 모든 선택지에 대한 투표를 전부 진행하는 것은 시간이 너무 많이 걸릴 테고, 만장일치를 기대하는 것은—심지어 각 선택지의 장점에 대해 오랜 시간 공적인 토론을 거친 후라면—모든 시민에게 투표 이외에는 아무것도 하지 못할 정도로 아주 높은 수준의 헌신을 요구하는 일이 될 뿐만 아니라, 각각의 정책 선택지가 서로 다르고 때로는 양립 불가능한 도덕적 입장과 경험적인 가정들—모두 상당히 그럴듯한 입장과 가정들임에도—에 기대고 있다는 점에서 거의 불가능한 목표라고 할 수 있다. 내가 제시한 예시가 발전된 사회에서는 일반적으로 정부가 결정할 필요가 있는 안건 및 관련 정책의 수나 복잡성을 상당히 단순화한 것이라는 점을 고려했을 때, 직접 참여하는 정부의 전망은 아무리 좋게 말해도 현실과는 동떨어진 것처럼 보인다. 만장일치라는 조건을 포기한다고 하더라도, 안건 하나하나에 대해 토론하고 결정하는 데 모든 사람이 참여하는 것은 시간이 너무 오래 걸리고 비효율적인 일이 될 것이다. 각 결정의 거래비용은 결국 정부가 서서히 멈춰버릴 정도의 수준까지 높아질 것이다.

헌법 개정처럼 굉장히 중요한 안건, 그리고 특정 지역이나 직장에서의 문제처럼 우리에게 아주 밀접한 영향을 미치는 안건을 위해 이러한 방법을 남겨두자는 주장이 나오기도 한다. 두 가지 경우 모두 실행 면에서는 확실히 더 실현 가능해 보인다. 하지만, 각각은 보다 직접적인 민주주의를 주장하면서 약간 다른 방식의 주장을 끌어들이게 되는데, 첫번째보다는 두번째 제안에 깔려 있는 논증이 좀더 설득력이 있다. 우선 헌법적 사안에 대해 국민투표를 하자는 주장의 근거는 모든

13. 프랑스의 유럽 헌법에 대한 국민투표 홍보 포스터(2005년 5월 29일).

정책문제를 집단적으로 결정하는 것은 비현실적이고 불필요할 수 있더라도, 사람들이 따라야 할 '규칙'은 사람들 스스로 직접, 그리고 공동으로 만든 것이어야 하고, 그럴 때에만 비로소 스스로 지배한다고 할 수 있다는 것이다.

하지만 헌법에 대한 국민투표가 이러한 기대 수준을 완전히 충족하기 위해서는 모든 가능한 선택지들에 투표할 수 있는 기회를 포함해야만 한다. 그렇지 않은 경우 투표자들은 기껏해야 다른 이들에 의해 제기된 개정안을 반대하는 목소리밖에 내지 못할 것이다. 또한 정기적인 기간을 두고 반복해서 시행되어야 할 것이다. 그렇지 않다면 과거의 투표자들—그들 중 많은 사람들이, 미국 헌법의 사례를 생각한다면 모두가 이미 고인이 되었다—이 현재의 투표자들을 사실상 구속하는 셈이 된다. 어쨌든 헌법 개정이 가능하기만 하다면, 이러한 요건들은 불필요하다고 할 수도 있다. 하지만 개정안이 통과되기 위해 만장일치가 요구된다면, 혹은 더 흔히 찾아볼 수 있듯 초다수(supermajority, 50% 이상을 의미하며 일반적으로는 유권자의 2/3)가 요구된다면, **'현상 유지**(status quo)' 편향이 생겨버린다. 이는 조문을 그대로 두는 것보다 조문을 바꾸는 데 있어 훨씬 더 많은 표가 요구되므로, 사실상 조문을 그대로 두는 쪽에 추가적인 표가 부여되는 셈이 된다. 지금의 조문이 어떤 개정안보다도 우월하리라고 생각하는 사람에게는 적절한 방식처럼 보일지 모르나, 그렇다고 믿을 타당한 이유는 전혀 없다. 한편, 만약 어떤 헌법이 제정될 때 모든 시민이 전적으로 동등하고 공정한 상황에 놓여 있었던 것이 아니라면 지금까지 이야기한 조건은 어떤 경우에도 충족될 수 없으며, 해당 헌법이 굳건하게 존재하는 것만으로도 소외된 사람들에 비해 기득권층에게 점점 더 많은 이익이 돌아가게 되는 실제적인 위험성이 존재하게 된다. 더 나아가, 특정 조항이 앞으로 어떤 부작용을 갖게 될지 혹은 사회가 어떻게 바뀔지를 예측하는 것은 매우 어려운 일이다. 예를 들어, 미국 헌법의 많은 조항들은 18세기 미국이라는 시대—민병대가 지금의 직업군인의 역할을 수행하고, 뉴스가 전해지는 속도가 가장 빠른 말의 속도와 같았던—에 국한된 사고를 뚜렷이 보여주고 있다. 하지만 다수가 이러한 조항이나 다른 조항들의 개정을 바란다 하더라도, 현재 조항으로부터 이득을 얻는 사람들이 개정에 반대할 수 있으므로 개정에 성공하는 것은 극도로 어려운 일처럼 보인다.

위와 같은 비판들 중 대부분은 토머스 제퍼슨이 미국 헌법 초안자 중 한 명이자 해당 헌법의 주요한 지지자였던 제임스 매디슨에게 보낸 편지에서 예견된 바 있다. 이후에 매디슨도 해당 문제의 중요성을 인식하게 되면서, 둘은 민주주의를 공동의 자치 시스템으로 바라보는 데 있어 실행적인 문제가 존재할 뿐만 아니라 논리적이고 규범적인 문제 역시 존재함을 지적하였다. 어떤 인민들이 공동의 해결책을 요하는 공동의 문제가 존재한다고 느낄지라도, 그들이 하나의 집합체로서 일체감을 느끼는 경우는 항상 제한적일 수밖에 없다. 설령 특정한 가치나 관심사를 공유하고 있다 하더라도, 어떤 정책이 얼마나 타당한지, 자신들이 공익을 얼마나 증진하고 있는지에 대해서 매우 다양한 경험적, 도덕적 판단을 내릴 것이다. 또한 사람들은 모두 합당하지만 양립 불가능한 이해관계와 신념들을 갖고 있을 것이다.[2] 결과적으로 어떤 정책을 수립하든 어느 정도의 양보와 타협이 요구될 것이고, 일부 사람들은 불가피하게 다른 사람들보다 더 많이 타협해야만 할 것이다. 그렇게 되면 공동의 결정에 관여한 거의 모든 사람들은 어느 정도는 다른 사람들에 의해 지배받게 되는 상황이 된다. 어떤 국가의 유권자들이 기후 위기로 인한 위협에 맞설 정책이 필요하다는 데 동의한다고 해보자. 정책의 필요성에는 뜻을 모았더라도, 이념적 차이부터 시작해서 서로 다른 이해관계와 과학적 증거에 대한 이견들에 이르기까지 수많은 이유들로 인해 구체적으로 무엇을 해야 할지에 대해서는 서로 이견을 가질 수밖에 없다. 어떤 정부가 채택하려고 하는 조치들의 패키지가 있다고 할 때, 대부분의 사람들은 그중 일부에는 동의하지만 다른 일부에는 동의하지 않는다고 할 것이다. 존은 풍력과 같은 대체 에너지원을 더 많이 활용하는 것에 동의하지만 폴은 동의하지 않을 수 있고, 존은 유류세를 인상하는 데 반대하지만 폴은 찬성할 수 있다. 두 명 모두 정부를 지지한다 하더라도, 첫번째 조치에 있어서는 존이 폴을 지배하는 셈이고, 두번째 조치에 있어서는 폴이 존을 지배하는 셈이 된다.

그러므로 민주주의를 인민주권의 시스템, 즉 인민이 스스로 지배할 수 있는 시스템으로 다루는 것은 잘못된 것이다. 더 나아가 그러한 시각은 정치적으로 동등한 사람들 간의 공정한 의사결정 과정을 마련한다는 민주주의의 진정한 역할에 대한 관심을 다른 곳으로 돌려버리거나 심지어는 그 역할을 과소평가하게 만든다. 이런 관점에서 바라본다면, 민주주의의 본질적인 목적은 이 책에서 제시한 시민권의 근본적인 원리, 즉 '시민적 동등함의 조건의 성립'이라는 원리와 직접 연관하여 설명될 수 있다. 1장에서 언급했듯, 시민권은 사회적 관계와 그들을 규제할 수 있는 국가의 필요성—무정부주의와는 달리—을 둘 다 전제한다. 이때 시민권의 중요성이 곧바로 드러난다. 개인의 자유는 타인의 자유에 의해 제한될 수 있을 뿐만 아니라 동시에 모두의 적극적인 참여를 통해 얻어질 수 있으므로 잠재적인 갈등을 중재하고 공공선을 증진할 수 있는 공동의 규칙과 정책을 만들어야 할 필요성이 생겨나기 때문이다. 시민권은 바로 이러한 규칙과 정책들이 관련된 사람 모두를 동등한 배려와 존중을 받아야 마땅한 사람들로 대우할 수 있도록 보장하는 것을 의미한다. 민주주의를 '스스로 지배하는 시스템'으로 간주하는 것은 바로 이러한 공동의 체계의 필요성을 부정하는 것과 마찬가지이다. 그런 생각에 우리 모두 어떤 식으로든 각자 원하는 것을 얻어야 한다는 내용이 포함되어 있기 때문이며, 이런 식이라면 앞선 사례에서의 존과 폴이 조금이라도 타협하는 경우 그것은 '비민주적'인 것이 된다. 더욱이 그러한 사고는 사람들이 기득권을 위협하는 변화에 저항하는 것을 가능하게 함으로써 공평한 해결책을 찾으려는 시도 자체를 전복시킬 가능성도 있다. 이와 반대로 민주주의에 대한 시민권 중심의 관점은 지배하는 동시에 지배받아야 한다는 필요성 자체는 인정하면서도, 차이를 조정하고 동등한 조건에서 공동의 목적을 추구하는 '공정한 과정'으로 민주주의를 바라본다.

더 직접적이고 참여적인 형태의 민주주의가 그럴듯하게 작동할 만한 두번째 제안—즉, 마을의 조직이나 직장에서 상대적으로 작은 규모의 사람들끼리 국지적인 결정을 내리는 경우—으로 돌아가본다면, 정치적 평등과 연관해 생각해야만 해당 제안의 타당성이 가장 잘 설명된다. 그룹이 작다는 것은 모든 구성원들에게 발언권이 있고, 듣고 대답할 수 있는 기회가 있다는 것이며, 각자의 주장과 관심사를 반영하기 위해서 서로의 입장을 조율할 수 있는 가능성이 높아진다는 것을 의미한다. 더 나아가, 그들은 가까이 살거나 함께 일하기 때문에 나름대로 명확한 공동의 목표와 안건을 갖고 있을 것이며, 스스로를 하나의 집합체에 더 가깝다고 생각할 것이다. 결과적으로 그들이 서로 동의하지 않을 만한 영역이나 원리들, 그리고 그들이 고려해봐야 할 선택지의 범위는 그들보다 더 규모가 크고 이질적인 집단에 비해 훨씬 적을 것이다. 그럼에도 만장일치는 여전히 가능하지 않을 것이며, 위에서 살펴보았듯 만장일치를 요구하는 것은 편견에 찬 사람이나 특권을 가진 사람들이 정당한 변화를 거부하는 방식이 될 수도 있다는 점을 생각한다면 만장일치는 바람직하지도 않다. 결과적으로, 결정은 다수결에 의해 내려져야 한다. 그렇지만 누구도 그 결과로 인해 배제되었다고 느낄 필요는 없다. 모든 사람은 서로의 의견을 들었고 다른 모든 사람과 마찬가지로 같은 조건에서 투표할 수 있었기 때문이다.

그러므로 이러한 국지적인 조건에서 참여와 직접민주주의는 많은 경우에서 정치적 평등을 뒷받침하게 될 것이다. 모든 관점이 완전하고 동등하게 제기될 수 있으며, 시민들은 다른 사람들의 의견과 선호에 대해 토론할 수 있기 때문이다. 이와는 반대로 이상적인 직접민주주의의 모델로 언급되곤 하는 국민투표에 직접 참여하는 경우에는, 투표자들에게 타인의 관점에 동등한 존중을 보이며 각자의 입장을 서로 조정할 기회가 전혀 주어지지 않는다. 또한 앞서 언급하기도 했지만, 흔히 사안 통과를 위해 과반수 이상의 표가 필요한 상황에서는 변화를 선호하는 사람들이 현상 유지를 선호하는 사람들에 비해 덜 중요하게 취급된다는 점도 언급될 필요가 있다. 이 역시도 참여자들이 서로를 등등한 존재로 바라볼 수 있는 상황을 만들지 못했다는 점에서 시민권의 기준을 맞추는 데 실패했다고 할 수 있다.

(2) 수호자주의[3]

위에서 살펴본 민주주의의 다른 이상, 즉 자비로운 전문가들에 의해 결정이 내려지는 상황은 어떨까? 이러한 주장의 지지자들은 인민에 '의한' 지배는 종종 인민을 '위한' 지배를 해내는 데 실패한다고 주장한다. 모든 관점에 동등한 비중을 부여하는 것은 공평하거나 공익에 부합하는 결과를 절대 보장할 수 없으며, 그 대신 무지하거나 자기 잇속만 챙기는 편견들을 반영하게 될 확률이 높기 때문이다. 이러한 위험성은 전문가들의 객관성이나 중립적인 '제3자'의 공정함을 통해 바로잡을 수 있다. 즉, 시민들은 스스로 지배하는 데 참여하는 대신 특별히 선정된 수호자들을 신뢰할 때 더 나은 결과를 얻을 수도 있다는 뜻이다. 물론 이런 식의 제안을 뒷받침하는 근거들에 다소 의문스러운 점이 있긴 하지만 말이다.

객관성에 전문가의 근거한 주장은 플라톤으로부터 기원한 것이다. 그는 민주주의는 배의 운행을 선장이 아니라 승객들이 맡게 된 상황과 유사하다고 주장했다.[4] 조류와 험한 바다에 대처하고 배가 바위에 부딪혀 산산조각이 나지 않도록 하는 것이 훈련된 전문가가 해야 할 일이듯, 정부를 운영하는 일 역시 다스릴 능력을 갖추고 있고 다스리는 기술을 배운 사람들에게 적합한 일이라고 주장하였다. 문제는 이러한 비유가 여러 가지 면에서 실패하고 만다는 점이다. 첫째로, 정부가 추구해야만 하는 목적이나 그것을 실현하기 위한 최선의 수단에 대한 '객관적'인 학문이 존재하지 않는다. 목적과 수단 모두 종종 논쟁적인데다 잘못 판단될 우려가 있으며, 인간의 추론 능력을 통해 우리가 처할 수 있는 모든 상황에 대한 가장 적절한 행동 방침이 무엇인지 확실하게 정의하는 것은 불가능하다. 사회적 세계의 개방성, 즉 인간은 예측 불가능하고 아주 다종다양한 방식으로 행동한다는 사실 때문에, 사회과학은 공통 규범에 따라 경험적이고 논리적으로 한정된 척도들의 집합 내에서만 추론이 작용하는 자연과학이나 수학보다 훨씬 덜 '단단하다'[5]. 그렇다고 한다면, 배를 운행하는 것과 관련된 세부적인 기술적 문제들은 선장이 담당한다 하더라도, 배의 목적지를 제대로 정할 수 있는 것은 승객들이다. 모든 사람에게 가장 적합한 목적지를 알아내는 방법 같은 것은 없으며, 그것은 사람들이 각자의 삶을 통해 찾아낸 다양한 목적 중 스스로에게 가장 적합하다고 여기는 것들과 떼어놓고 생각할 수 없다.

둘째로, 전문가들을 한결같이 사심이 없고 이타적일 뿐만 아니라 전지적인 존재로 상정하지 않는 한, 그들이 자기 자신의 이익이 아니라 다른 사람들의 이익을 위해 다스릴 것이라는 보장은 없다. 전문가들이 배를 설계하고 생산하고, 선장이 항로를 정하더라도, 그 과정에서 사람들이 원하는 것들에 다양한 방식으로 대응하고 배의 설계나 항해방식을 개선하는 이유는 그들의 자비심 덕분이 아니라 승객들의 환심을 사야 할(woo) 필요성 때문이다. 그러한 유인이 없다면, 많은 기술적인 발전들—특히 인민들을 '위한' 것—은 생겨날 수 없었을 것이다. 물론, 시장 내에서 선장들과 선박 회사들 간의 경쟁이 존재할 수도 있고, 승객 모두가 동등한 권리를 갖는다 하더라도 부자가 빈자에 비해 더 잘사는 것처럼 모두의 지위나 상황까지 동등한 것은 아니다. 그렇지만 각자의 경제 상황과 관계없이 모든 사람들에게 동일해야 하는 사안들—이를테면 선박의 내항성(耐航性)과 관련된 기본적인 사항이나 선장의 자질 등—은 국가 법률에 그 내용이 규정되어 있으며, 이는 민주적 투표를 통해 얻어진 보다 실질적인 평등에 부응하는 것이다. 다시 한번 말하지만, 이러한 것들은 전문적인 사안들이고, 정치인들은 그런 문제로 법률을 수립할 때 필연적으로 폭넓은 전문가들의 조언에 의지해야 할 것이다. 하지만 정부가 그렇게 하는 이유는 결국 시민들이 정부에 압력을—시장에서의 경쟁만으로는 모두를 위한 동등한 조건을 확보하기 어려운 공공의 사안에 있어서 선박 회사들에 대한 기본적인 규제 체계를 도입함으로써 정부가 해양 재난과 그 비슷한 것들에 대응하도록—넣었기 때문이다. 또다른 한편, 대부분의 기술적인 해결책은 전문가들마저도 의견충돌을 겪을 만한 경험적인 문제들, 그리고 도덕적인 문제들을 불러일으킨다. 이를테면 안전이나 다양한 시간적 비용, 그리고 표의 가격 등 다양한 요소들 사이에서 적절한 견적이 요구된다. 다시 한번 강조하지만, 수반되는 위험들에 대한 가장 적절한 판관은 위험을 부담하게 될 사람이자 다른 관심사나 이해관계를 토대로 위험을 검토할 수 있는 입장에 놓인 사람, 즉 시민이다.

그러므로 플라톤이 얘기한 전문가들에 의한 '객관적인' 지배는 의심스러운 기반에 근거한다고 할 수 있다. 사회적, 정치적 결정이 공공의 이익에 부합할 것인지 알아보는 가장 좋은 방법은 그 결정이 정치적으로 평등한 시민들의 선택을 반영하고 있는지, 그리고 통치자들이 시민들에게 자신들의 행위에 대해 책임을 지는지를 살펴보는 것이라 주장하는 민주주의가 있다고 할 때, 수호자주의는 그것을 대체하는 데 실패했다. 불편부당함에 대한 논의의 경우에는 역시 그리스로 거슬러올라가지만 약간 다른 방향으로 전개된다. 해당 주장은 시민들은 자기 자신의 관심사에 대해 편파적일 가능성이 높으므로 다른 사람들의 관심사에 대해 동등한 배려와 존중을 보이는 데 실패할 것이고, 그 결과 우리는 모든 관점이 공정하게 고려되는 것을 보장하기 위해 어느 한쪽에 치우치지 않는 중재자를 필요로 하게 된다고 이야기한다. 중재자가 옳은 결정에 도달할 것을 보장해주는 것은 아닐지라도 최소한 편견이나 선입견에 의한 결정은 막아줄 것이다.

이러한 주장의 주요한 문제점은 과연 그러한 공정한 중재자가 존재할 수 있느냐이다. 보통 판사들이 이러한 식으로 묘사되는 경우가 많은데, 특정한 상황, 예를 들어 헤어지려고 하는 부부 사이에서 벌어진 가정 내 분쟁에 대한 판결을 내릴 때는 실제로 그럴 수도 있다. 하지만 모든 시민에게 영향을 주는 공동의 결정을 내릴 때, 그들은 여느 다른 사람들만큼이나 서로 다른 의견을 갖는 당사자이다. 또한 판결문에 적힌 판사들의 논리는 당연히 법적인 한계 내에서 작성되는데, 이는 특정 사건에 대해 제기된 도덕적이고 경험적인 문제들 전부에 대한 완전한 숙고를 배제한다는 점에서 불편부당함에 도움이 된다기보다는 오히려 방해물이 된다.

그뿐만 아니라, 유권자들의 편파성이 가진 위험성이 과장되어 있기도 하다. 여기서의 두려움은 다수에 의한 폭정인데, 다수가 횡포를 부리는 상황이 어떤 상황인지 신중하게 구체화할 필요가 있다. 결정을 내리는 다수의 사람과 그 결정에 자신의 권리와 이해관계가 달려 있는 사람들이 일치하는 경우 보통 다수의 횡포가 발생하게 되는데, 이와 관련한 가장 흔한 사례는 한 종족 집단이 다른 집단을 희생시켜 자신들의 특권을 강화하려는 목적으로 투표할 때이다. 과거 북아일랜드에서 다수인 프로테스탄트 집단이 소수인 가톨릭 집단에 비해 자신들의 지위를 지속적으로 신장시켜왔던 것처럼 말이다. 하지만 이러한 문제가 북아일랜드에서처럼 주요 집단 간의 권력분배 방식을 강제하는 민주적 장치[6]를 통해 조정될 수 있는 경우는 매우 드물다. 적극적 우대 정책이나 낙태와 같은 사안처럼 미국과 여타 국가들에서 사법적 입장이 양분되어 있는 사안들도 이런 방식으로 해결될 수 있을지도 불분명하다. 이러한 사안에서는, 판사들도 자신만의 개인적 관점을 갖고 있다는 점에서 다른 시민들만큼이나 편파적이다. 한편, 해당 정책에 의해 가장 많은 영향을 받는 사람들—각 경우에 있어 소수집단과 여성—역시 다른 인구 집단과 마찬가지로 각기 다른 입장을 갖고 있다. 모든 백인 남성은 둘 다 반대하고, 모든 흑인 여성은 둘 다 찬성하는 식이 아니다.

이러한 상황에서 민주주의가 우리에게 제공하는 것은 분쟁을 해결하기 위한 공정한 절차이다. '일인 일표'라는 원칙은 모든 시민이 다른 사람들과 동등하게 취급되는 자신만의 관점을 가질 자격이 있다는 것을 인정하는 것이다. 당연히 의사결정 과정에서 동등한 비중을 차지한다는 것이 모든 사람을 동등한 배려와 존중으로 대하는 결정 내용을 보장하는 것은 아니다. 그럼에도, 다수가 되기 위해서는 수백만 시민들의 지지를 얻어내야 한다는 사실과, 대부분의 시민들은 어떤 사안에서는 소수이더라도 다른 어떤 사안에서는 다수라는 사실은 민주주의 내에서의 평등주의적인 경향성을 만들어낸다. 모든 사람들이 모든 결정을 내리는 데 참여하므로, 시민의 입장에서는 다른 사람들에게 동등한 존중을 받지 못할까봐 두려워서라도 다른 사람들의 관점을 동등하게 고려할 만한 유인이 생긴다. 많은 독자들은 이것이 민주적 과정에 대한 어떤 이상화된 관점이라고 느낄 것이다. 그러므로 다음 부분에서, 나는 현존하는 민주주의 체제의 얼마나 많은 특징들이 실제로 이러한 결과를 불러일으키고 있는지를 보여주고자 한다.

오늘날의 시민권과 민주주의

민주주의라 일컬어지는 국가들의 정치체제는 직접민주주

의, 참여민주주의와는 매우 거리가 있으며, 소위 민주적 수호자주의의 많은 요소들을 점차 포함해가고 있다. 이러한 체제들의 주요한 민주적 특성은 모든 성인이 다수결의 방식을 통해 서로 경쟁하는 정당들의 후보 중 한 명을 택하는 주기적인 선거가 이루어진다는 점이다. 이는 시민들이 민주적 절차에 완전히 참여하지 못하고 있다는 이유에서 혹은 포퓰리즘을 부추기고 별 볼 일 없는 일반 대중의 의견에 영합한다는 이유에서, 직접민주주의와 수호자주의 양측으로부터 모두 비판받아왔다. 하지만 이는 모두 현대의 상황에 적절한 방식으로 시민들 간의 정치적 평등을 확보하는 데 매우 중요한 기여를 한다. 특히, 두 대안들이 결여하고 있는 세 가지 특성이 확보되는 것이 가능해지는데, 첫째로 공동의 결정사항을 만들어나가는 데 있어서의 형평성, 둘째로 지배자의 피지배자에 대한 책임성과 지배자가 사익보다 공익을 추구할 수 있도록 하는 유인책, 셋째는 의견 충돌을 해결해나가는 데 있어서의 불편부당함이 바로 그것이다.

엄밀히 말하자면, 다수결의 원칙 혹은 다수의 지배라는 것은 일인 일표의 원칙하에서 50% 이상의 득표를 얻은 선택지에 의거한 결정을 내리는 것을 의미한다. 정치적 평등의 관점에서, 이러한 작동방식은 모든 사람의 의견을 익명으로 다룰 수 있으며 또한 중립적인 방식으로 다룰 수 있다는 이점을 갖는다. 의견을 개진한 사람이 누구인지 혹은 무엇을 믿는지, 왜 믿는지 등은 전혀 고려사항이 아니며, 그 누구의 판단이라도 다른 사람의 판단과 완전히 동등하게 반영된다. 또한 다수의 지배방식은 의견의 변화도 반영하므로, 어떤 안건에 반대하는 사람이 60%에서 49%가 되고, 찬성하는 사람이 51%가 된다면 해당 안건은 통과된다. 즉, 모든 시각을 동등하게 존중하는 셈이다. 하지만 이러한 장점에도 불구하고, 발생할 수 있는 여러 가지 문제점들이 많다.

우선, 모든 민주주의 체제가 진정한 다수의 지배 방식을 채택하고 있는 것은 아니다. 미국과 영국은 과반수의 선거구에서 한 정당이 나머지 정당보다 표를 더 얻기만 하면 선거에서 승리할 수 있는 선거제도를 갖고 있다는 점이 이를 잘 보여준다. 이러한 선거제도를 다수대표제(plurality system)라고 하는데, 이러한 선거제도하에서는 선거에서 승리한 정당이 전체 득표수의 50% 미만을 획득하는 것이 가능할 뿐만 아니라—이는 두 국가에서 흔하게 일어나는 일이다—2등을 한 정당에 비해 더 적은 표를 획득하는 것도 가능하다. 비록 영국에서는 세 번밖에 이런 일이 없었을 정도로 드문 일이긴 하지만 말이다. 1951년에 노동당은 보수당보다 더 많은 득표수를 기록했지만 보수당이 더 많은 의석을 가져갔고, 1929년에 있었던 총선과 1974년의 첫번째 총선[7]에서는 작은 차이로 그

반대의 상황이 벌어졌다.

다양한 형태의 비례대표제(PR)를 통해 이러한 문제를 극복하려는 시도가 있었으나, 유권자들에게 두 개 이상의 선택지가 주어지는 경우에는 비례대표제 나름의 또다른 어려움에 봉착하게 된다. 비례대표제는 투표자들이 모든 선택지에 대한 선호도를 어떻게 매기는지를 살피고 대다수의 사람들이 가장 높은 순위로 선택한 것을 최종적으로 선택하는 제도이다. 비례대표제는 분명 미국이나 영국에서 채택하고 있는 소선거구 다수투표제에 비해서는 각 표의 가치를 산정하는 데 있어 더 형평성 있는 방법을 제공한다. 하지만 비례대표제는 여러 형태에 따라 사람들의 선호를 각기 다른 방식으로 취합하며, 그로 인해 방식에 따라 가장 높은 선호도를 보인 선택지가 다르게 산출되기도 한다. 심지어 각 선택지에 대한 사람들의 선호를 모든 다른 선택지와 비교해본다면, 다른 모든 선택지에 비해 특별히 선호되는 선택지는 없다는 것을 발견하게 된다.

100명의 투표자가 전기를 생산하는 세 가지 방식 중 어떤 것을 지지하는지에 관한 아래의 간단한 예시를 살펴보자.

다음 표를 통해, 70명은 풍력에 비해 원자력을 선호하고, 70명은 석탄에 비해 풍력을 선호하고, 60명은 원자력에 비해 석탄을 선호하는 것을 알 수 있다. 그러므로 어떤 선택지도 다

40명	30명	30명
원자력	석탄	풍력
풍력	원자력	석탄
석탄	풍력	원자력

른 선택지들에 비해 특별히 선호되지 않는다.[8] 이러한 현상은 투표의 순환이라고 알려져 있으며, 18세기 콩도르세 후작(Marquis of Condorcet)에 의해 처음 발견되었고, 찰스 도지슨(Charles Dodgson)―『이상한 나라의 앨리스』의 저자인 루이스 캐럴(Lewis Carol)로 더 잘 알려진 수학자―에 의해 재발견되었다. 이러한 순환이 발생하는 경우, 어떤 한 선택지를 가장 선호된 선택지로 고르는 것은 자의적인 것처럼 보인다. 이것이 투표 제도의 기능이자 정치인들이 그것을 조작하는 방식일지도 모른다.

하지만 다행스럽게도, 위와 같은 경우가 논리적으로는 가능할지라도 실제 현실에서 이러한 종류의 딜레마가 발생하는 경우는 드물다. 이런 경우가 희귀한 첫번째 이유는 정당의 역할로부터 기인한다. 정당들은 모든 사안에 대한 사람들의 서로 다른 선호를 스펙트럼―대부분의 민주주의국가에서 좌에서 우로 이어진다고 표현되는―위에 위치한 하나의 이념적 체계로 통합시켜 하나의 정강으로 묶어낸다. 이러한 과정은 투표자들의 실제 선택을 두 개의 대안 중 하나를 고르는 문제로 단순화하며, 실제로 양당제가 아닌 다당제하에서도 보통 사람들은 좌우 연속선 위에서 선택한다. 선거에서 사람들의 표를 얻기 위해 서로 경쟁하면서, 정당들은 이길 수 있는 연합체를 만들어내야 할, 다당제에서는 그 연합체의 일부가 되어야 할 유인을 갖게 된다. 그래서 정당들은 다양한 사안에 있어 사람들이 가장 선호하는 것을 반영하는 정책들의 패키지를 만들어내고자 노력한다. 정당들은 중위 투표자들—선호순위가 양극단이 아닌 중간에 위치한 투표자들—에게로 수렴함으로써 이러한 결과를 달성한다. 이러한 수렴은 종종 투표자들에게 선택지를 제공하지 못한다는 이유로 부당한 비판을 받곤 하는데, 생각해보면 그 반대의 상황이 더 문제라는 것을 알 수 있다. 왜냐하면 중위 투표자로의 수렴은 사실상 정당들이 투표자들의 선택을 가장 최대의 수준으로 반영하기 위해 노력한 결과이기 때문이다. 실제로 선거운동 내용들은 정당 내에서 이루어진 숙의의 결과를 그대로 반영한다. 선거에 있어서 가장 매력적인 정책 패키지를 형성하고 토론하는 과정에서, 정당들은 필수적으로 수백만 시민들의 의견과 관심사에 대한 상호합의를 조율해야 하며 그를 통해 정당들은 사람들이 가장 선호하는 순서에 부합할 수 있게 된다. 결과적으로, 투표자들의 의견은 동등하게 존중될 뿐만 아니라 동등한 배려를 받게 되는 것으로 보인다.

다른 한편, 정당의 규율은 대표자들로 하여금 그들의 선거 공약을 지키게끔 한다. 루소나 다른 학자들은 참여민주주의적 관점에서 대의정치를 비판하며, 대표들은 일단 선출되기만 하면 마음대로 뭐든지 할 수 있다고 지적한 바 있다. 실제로, 정당이 완전히 발전하기 전의 선거 과정은 유권자들이 정책에 영향을 끼치기 위한 방법이라기보다는 사회적으로나 지적으로 더 나은 사람들 중 가장 능력 있는 통치자를 고르는 수단에 가까웠던 것이 사실이다. 수호자주의의 선거적 형태인 셈이었다. 이러한 시각은 18세기 영국 의원이자 철학자였던 에드먼드 버크(Edmund Burke)의 문장으로 가장 잘 알려져 있는데, 그는 브리스틀의 유권자들에게 '여러분의 대표자는 여러분에게 그의 부지런함만이 아니라 그의 판단도 바쳐야 합니다. 만일 그가 그것을 여러분의 의견을 위해 희생한다면, 그는 여러분에게 봉사하는 것이 아니라 배신하는 것입니다'[9]라고 말한 바 있다. 하지만 요즘의 정당들은 선거공약에 놀라울 정도로 충실하다. 정당들이 소속 의원들에게 당론에 따라 투표하라고 강제하는 경향은 논평가들에 의해 버크적인 이유로 비판받곤 하지만, 이는 실은 유권자들의 판단에 대한 책임성을 확보하는 데 있어 필수적인 것이다. 당연히 입법적 계획에 대한 수정이 요구되는 예상치 못한 사안이나 상황이 발생할 수 있으나, 그러한 수정 사항들은 지난 선거 때 만들어진 틀 안에서 만들어지며, 더 흔하게는 다음 선거를 염두에 두고 만들어지곤 한다.

민주적 관점에서 바라봤을 때 뭔가 이상하게 들리는 이야기일 수도 있지만, 유권자들의 의견에 정치인들이 매우 많은 관심을 보이는 것은, 정치인들이 권력을 위해서라면 어떤 일이든 할 수 있다는 것을 보여주는 증거라는 식으로 비판받곤 한다. 하지만 이러한 비판은 마치 기업에게 단순히 이윤을 내기 위해 고객들의 수요에 영합하느냐고 공격하는 것과 마찬가지로 터무니없는 비판이다. 시장에서 이윤을 내고자 하는 기업가의 욕망이 있기에 경쟁 과정에서 시장에서의 지분 유지 혹은 확장을 위한 혁신과 비용 절감이 가능해지고, 그것이 곧 소비자에게 이익이 되는 것과 마찬가지로, 민주주의 체제에서도 선거라는 경쟁을 통해 정치인들의 권력을 향한 욕망과 권력을 잃을 수 있다는 두려움을 활용하여 그들로 하여금 정책 실패 상황이나 피지배자들의 변화하는 의견에 관심을 기울이게 하여 결국 투표자들에게 도움이 되도록 한다.

더 나아가, 무슨 수를 써서라도 이윤을 추구하는 대부분의 경영자들과는 달리 정치인들은 권력을 위해 '어떤 일이든' 하지는 않는다. 특히 정치인들과 정당은 자신들의 '브랜드' 혹은 이데올로기에 놀라울 정도로 충직한 모습을 보여준다. 심지어 다른 정당의 정책을 가져올 때도—정당 간 분열을 가로지르는 연합을 만들어야 할 필요성을 반영한다는 점에서 이는 투표자들에게는 이익이 되는 행위라고 할 수 있다—정당들은 해당 정책을 자신들의 변화하는 이데올로기적 정체성에 부합할 수 있게끔 배치한다. 언론인들의 주장과는 다르게, 정치적 냉소주의가 들어설 자리는 거의 없는 것처럼 보인다.

이러한 결과들은 시민들에게는 모두 좋은 소식이다. 투표제도를 통해 시민들은 상당히 적은 비용만 치르고도 정부가 그들의 이해관계와 의견을 높은 수준에서 동등히 배려하고 존중하여 다루게끔 한다. 시민들은 자신들에게 반응을 보이지 않는 정치인이나 능력이 없는 정치인을 교체할 수 있으며, 공정한 방식으로 공동의 결정 사항에 도달할 수 있다. 그럼에도 민주주의의 작동에 대한 불만이 지금처럼 높았던 적이 없다는 점을 부인할 수 없을 텐데, 이러한 불만은 왜 생겨났고, 이것이 오늘날 시민권의 본질에 대해서 말해주는 것은 무엇일까?

시민권의 종말?

앞서 살펴봤듯, 시민권은 시민들 간 일정 수준의 연대감과

14. 민주당의 대통령 후보가 되기 위해 유세하고 있는 버락 오바마(2008년).

상호 호혜성을 내포하고 있다. 시민들은 서로를 이익을 함께 누릴 뿐만 아니라 비용까지도 함께 부담하는 공동의 사업 파트너로 대할 필요가 있으며, 이는 곧 세금을 내는 것도 중요하지만 선거에도 참여해야 함을 의미한다. 하지만 다양한 원인으로 인해, 이러한 감정들은 점차 감소하고 있는 것처럼 보인다. 이러한 현상과 관련하여 두 가지 광범위한 징후가 두드러지는데, 하나는 국가와 정부에 대한 소비자 중심적 태도의 증가이고 나머지 하나는 정치적 공동체의 분열과 쇠퇴이다.

근대 민주주의 체제하에서 투표 행위는 종종 개인의 이익을 도모하는 행위로 묘사되며 그러한 점에서 비판을 받는다. 실제로 다수의 폭정에 대한 두려움에서도 투표에 대한 이러한 시각을 엿볼 수 있다. 1장에서 언급했듯, 이해타산적인 투표자는 집에 머무를 가능성이 더 높긴 하지만 말이다. 어떤 한 사람의 투표가 차이를 불러올 가능성은 매우 낮아서, 투표에 드는 시간적 비용과 불편함은 예상되는 모든 이익을 거의 항상 넘어선다. 투표가 이루어지려면, 개인들은 공적인 장에서 자신의 의견을 표현하는 것이 중요하다고 느껴야만 하고, 그들의 목소리가 다른 수백만의 목소리와 다양한 방식으로 연결되어 있으므로 자신이 던지는 한 표가 그저 하나의 외딴 표가 아니라고 느낄 수 있어야 한다. 하지만 일군의 사람들은 서로 다른 이유로 이러한 시민적 의무를 방기하기 시작했다.

경제학자 갤브레이스에 의해 풍요로운 '만족하는 다수'[10]로 묘사되는 사람들의 경우에는, 간접적으로만 혜택을 누릴 수 있는 집단적 가치에 기여하는 것을 점점 꺼리게 되면서 선거정치에 대해 점점 더 양가적 입장을 갖게 되었다. 그들은 마치 시장에서의 소비자인 양 그들이 지불한 것과 얻게 되는 것 사이에 있어서 좀더 직접적인 연관관계를 추구한다. 그로 인해 그들은 지금까지 공공서비스로 제공되어왔던 의료, 교육, 심지어는 치안 등 서비스의 점진적 민영화에 대해 전향적인 입장을 갖고 있다. 하지만 이러한 민영화는 시민적 태도를 약화시킨다. 이는 국영 공급자에 비해 공공재를 제공하는 데 있어 효율성 면에서 훨씬 장점을 갖고 있는 민간 공급자들 때문에 발생하는 문제라기보다는, 이러한 재화들이 당연히 모든 시민에게 공평하게 제공되어야 한다는 일종의 집단적 책임으로 여겨지는 것이 아니라 사적인 소비재로 여겨질 때 발생하는 문제이다. 만일 한 가족이 민간 의료보험을 갖고 있고 공교육을 이용하지 않는다면, 자신들이 낸 세금이 다른 사람들을 위한 공공비용으로 사용되는 것을 지지하려는 마음이 점차 없어지게 될 것이다. 이러한 집단에 속한 사람들의 정치적 행위는 그에 따라 점차 사적인 성격을 띠게 될 것이다. 그들은 좀더 세부적인 캠페인이나 한 가지 이슈에만 집중하는 이익집단에 더 이끌릴 것이고, 전반적인 사안을 아우르는 정당의 후보들에게는 관심을 두지 않을 것이다. 그들은 특정 공공서비스와 관련해서는 소비자적 권리와 특권을 찾으면서도, 더 높은 세금을 통해 서비스를 개선하는 데 돈을 지불할 용의는 없을 것이다.

부유한 축에 속하는 시민들의 이러한 사회적 태도 및 정치적 행위의 변화는 지난 30년 동안 점차 심화된 빈부격차로부터 기인한 현대 공동체 분열의 한 양상과 관계되어 있다. 부자와 빈자는 점차 서로 다른 세상에 살게 되었으며, 부자들은 빈자를 사회적 협력이 요구되는 같은 체제를 살아가는 동료 시민으로 바라보는 것이 아니라, 터져나와서는 안 될 문제와 같은 것으로 바라보게 되었다. 한편, 가난한 사람들에 대한 사회적 배제는 정치적 조직화의 어려움과 낮은 정치적 참여도로 이어졌다. 정당들은 자신들이 결과적으로 딜레마에 빠졌다는 것을 알게 된다. 유권자들의 변화를 좇아 단일한 사안을 다루는 사회운동단체에 더 가까운 모습으로 변모하고자 한다면, 원칙은 안중에도 없이 정당의 본래 역할, 즉 공공선을 추구하려는 포괄적인 노력을 방기한다는 냉소적 비판을 받게 될 것이다. 하지만 그렇다고 전통적인 전략을 고수하게 되면, 가난한 사람들의 표도 얻지 못한 채 부유한 유권자들마저 잃게 되는 위험을 감수해야 한다.

문화적 분열도 유사한 문제를 낳는다. 언론의 관심사는 이민으로부터 야기된 다문화주의에 초점을 맞추는 경향이 있다. 하지만 3장에서 보았듯, 이민자들은 대체로 비차별적인 정책들을 통해 더 넓은 정치공동체 안으로 포함되기를 원한다. 대다수 이민자들의 목적은 차별적인 요소들을 제거함으로써 해당 국가의 정치적 문화를 넓히는 것이지, 많은 2세대, 3세대 이민자들이 섞어버리거나 심지어 버리기까지 하는 그들의 문화를 보존하기 위해 정치적인 정착촌을 만들고자 하는 것이 아니다. 이에 반해, 이미 지역적으로 모여 살고 있는 소수민족과 종족집단은 더 큰 정치적 자율성을 요구하며 어느 때보다도 더 목소리를 높이고 있으며, 이런 상황은 그들과 주된 민족집단 사이에 종교적, 언어적 차이가 존재할 때 더욱 두드러진다. 이러한 요구는 특정한 소수집단이 지배하는 지역—예를 들면 영국의 웨일스, 스코틀랜드, 북아일랜드, 캐나다의 퀘벡, 스페인의 카탈루냐 지방과 바스크 지방—에 대한 비대칭적 권한 분산으로 이어진다.

점차 심화되는 부자와 빈자 간의 간극, 그리고 소수민족 혹은 종족집단과 다수 국민의 정치 문화 간의 문화적 균열이 갖는 공통점이 있다면, 둘 다 현대사회에서 점차 증가하고 있는 분절적 혹은 수직적 균열을 대표한다는 점이다. 민주주의는 사람들 간의 주요 의견 불일치가 교차적 혹은 수평적일 때 가장 잘 작동하며, 이러한 상황에서는 정치적으로 중요한 균열들이 서로 엇갈려 놓인다. 부자들 중에도 사회주의자가 있을 수 있고, 빈자들 중에서도 보수주의자가 있을 수 있고, 낙태에 반대하는 가난한 가톨릭과 부유한 가톨릭이 있고, 임신중절 합법화를 주장하는 빈자와 부자가 있을 수 있으며, 적극적 우대조치를 각기 찬성하고 반대하는 남성과 여성이 있을 수 있고, 남성과 여성 중 누군가는 흑인, 누군가는 백인일 것이며, 그들은 부자일 수도 있고 가난할 수도 있고, 또 그들 중 일부는 인공임신중절에 찬성, 일부는 반대할 것이다.

그렇다면 항구적인 소수자—중요하게 생각하는 모든 사안에 있어 언제나 소수의 입장에 있는 사람—는 매우 드물 것이다. 인공임신중절을 반대하는 사람은 그 사안에 있어서만큼은 소수자일지라도, 적극적 우대조치에 관한 사안에서는 다수자일 수 있다. 물론 그들이 가장 중요하게 생각하는 사안은 그들이 소수자인 사안일 테지만, 그 상황의 '심각성'은 다른 덜 중요한 이슈에서 그들이 원하는 바를 달성함으로써 완화될 것이다. 이러한 균형 맞추기(balancing)는 당 내부에서뿐만 아니라 정당 간에도 발생하는데, 주로 양당제에서 그렇다. 결국 모두가 타협해야 할 필요성이 있다는 결론은 종종 원칙이 없는 것으로 폄하되기도 한다. 하지만 이러한 필요성으로부터 바로 시민들 간의 관용과 상호 존중이 탄생하는 것이며, 그를 통해 모두는 동등한 존재로 간주될 수 있고, 어느 정도만큼은 승리하는 특정 다수집단에 포함될 수 있게 된다. 어떤 사람이 가장 선호하는 정당이 야당이라 하더라도, 최소한 그 사람의 선호 중 일부가 집권 여당에 의해 받아들여질 가능성이 있으며, 심지어는 그가 선호한 정당보다 여당이 정책을 훨씬 더 잘 추진할 가능성도 있다.

반면 수직적 균열이 만연한 경우, 이러한 포용을 달성하기는 어려워진다. 다양한 교차적 사안들이 존재한다 하더라도, 주된 정체성은 종족, 종교 혹은 민족이 될 것이고 다른 모든 사안들은 그러한 정체성에 종속될 것이다. 예를 들어, 벨기에에는 네덜란드어와 프랑스어를 각각 사용하는 보수정당과 사회주의정당이 있는데, 문화적, 언어적 차이가 우세하여 그들 간의 협력은 잘 이루어지지 않는다.

이러한 경우, 투표 행위가 정부의 정책 결정에 영향을 미치는 경우는 매우 드물다. 왜냐하면 투표의 주된 목적이 각자의 문화적 집단의 영향력을 확보하는 것이기 때문이다. 이 경우 두 집단 간의 명확한 구분 때문에 소수집단에 대한 억압의 위험성이 더 클 수밖에 없다. 권력 분점을 통해 이러한 위험성을 어느 정도는 극복할 수 있겠지만, 그 경우 신속한 민주적 대응은 기대하기 어렵게 된다. 예를 들어 벨기에에서 선거는 어떻게 국정이 운영되어야 하는지에 대한 것이 아니라, 그러한 연합이 효과적인지 여부와 관계없이 어떤 그룹이 연정에 어느 만큼 관여되어야 하는지에 대한 문제가 되었다.[11] 균열이 아주 견고한 경우, 유일한 해결책은 완전한 분리일 것이다. 하지만 거의 대부분의 국가가 주요한 문화적 소수집단을 포함하고 있으며, 이러한 전략이 수용되는 데는 어느 정도 한계가 있을 수밖에 없다. 이것을 부자와 빈자 간의 균열에 적용해보면, 부자들은 더 큰 정치적 공동체로부터 그들만의 폐쇄된 외부인 출입금지 구역을 만들어 독립하려고 한다. 그들은 공공영역에 기여하는 것으로부터 벗어나 사적인 서비스 제공자에게만 의존하고자 한다.

세계화는 정치공동체의 해체를 더욱 가속화했다. 국가가 점차 약해지고 집단적 가치를 제공하는 데 점점 더 어려움이 따르게 되면서, 소비자 중심적이고 개인화된 정치적 행위들이 증가하고 있다. 더욱 활발한 이동성과 공동의 협력체계로부터 이탈할 가능성을 강화하는 세계시장의 압박으로 인해 국가의 정치 문화 역시도 약화되고 있다. 4장에서 우리는 초국가적(post-national) 문화의 잠재력—인권에 대한 헌신을 통해 문화적, 사회경제적, 정치적 분열을 극복하는 것을 가능하게 하는—을 주목하고 있는 세계시민주의자들에게 이러한 발전이 얼마나 환영받아왔는지 살펴본 바 있다. 하지만 세계에서 가장 발전된 초국가적 정치공동체라고 할 수 있는 유럽연합을 본다면 의심의 여지 없이 그러한 희망이 실현되려면 아직 멀었다는 것을 알 수 있다. 유럽연합의 정치적 기구는 확고하게 국가적, 혹은 지역에 대한 시민들의 충성에 기반하고 있고, 유럽연합의 정당들은 선거에서 존재감이 없는 단순한 의회의 파당에 불과하다. 다른 한편, 유럽연합의 존재 이유는 유럽 단위의 시장을 활성화하기 위해 자본과 재화, 노동과 서비스의 자유로운 이동을 증진하는 것이었다. 경제적으로는 이득이었는지 모르나, 이러한 정책은 새로운 유럽의 정치 문화를 창출하지는 못한 채로, 기존의 국민국가 공동체를 약화하는 세력의 힘을 키웠다. 유럽연합 선거의 투표율은 국내 정치의 투표율보다 더 낮을 뿐만 아니라 급속히 떨어지고 있으며, 특권층들은 압력단체 정치와 법적조치라는 더 사유화된 경로를 최대한으로 활용하고 있는 중이다.

그렇다면 어떻게 해야 할까? 가장 많이 논의된 해결책 중 두 가지는 앞서 살펴보았듯 더 참여적인 형태의 민주주의—국민투표라든지 시민배심원제(Citizens' Jury)[12]와 같이 선정된 이해당사자나 초점 집단[13]을 통해 결정하는 방식의 민주주의—와 다양한 형태의 전문가 수호자주의이다. 이러한 방법들은 영국과 미국 같은 안정된 민주주의 체제에서도 점차 선거 민주주의의 보완재로, 심지어는 대안으로서도 기능해왔으며, 또한 진정한 의미의 인민(demos)이나 정당 민주주의가 창출되는 것이 불가능하다는 것이 입증된 유럽연합에서

15. 벨기에의 죽음을 상징하는 관을 들고 행진하고 있는 플랑스 민족주의자(Flemish nationalist) 단체인 부어포스트(Voorpost).

도 광범위하게 활용되고 있다. 지금까지는 각국의 선출된 행정부가 맡아왔던 일들에 대한 권한이 점차 선출되지 않은 준독립 규제 기관으로 이양되고 있기도 한데, 이자율은 중앙은행의 장에 의해 결정되고, 최저임금 결정은 특별위원회에서, 원자로 건설 부지에 대한 분쟁 중재는 재판소에서 이루어지고 있다.[14]

시민들이 이러한 사안들에 대해서 그나마 발언권을 가질 수 있는 방법은, 대중을 대표하는 표본이 되는 사람들로 이루어진 시민배심원으로서 협의 활동에 참여하는 것, 혹은 사회운동단체에 참여하는 것, 혹은 지역 단위나 드물게는 국가 단위의 국민투표에 참여하는 것이다. 하지만 이러한 방법들은 모두 시민권의 주요한 특징인 시민적 평등의 조건에 반하는 방식으로 작동한다는 점에서, 문제의 해결책이라기보다는 문제의 일부분에 불과하다. 전문성에 대한 존중 역시 특정 안건에 대한 의견을 제시하기에는 시민들의 능력이 부족하거나 믿을 만하지 못하다, 혹은 특정 안건은 정치 너머의 영역에 있다—판단이 필요한 영역이라기보다는 그냥 상황을 분석하는 것과 관련된 문제라는 뜻—라는 점을 시사하고 있다. 어느 쪽이 되었건, 이러한 움직임은 시민들이 공동의 관심사를 심의하는 데 있어 다른 이들과 동등하게 참여하고자 노력하는 것을 불필요한 것으로, 더 나아가서는 불합리한 것으로 여겨지게끔 만든다. 이는 곧 공공선에 대한 합의에 도달하고자 하는 시민적 의무로서의 정치에 대한 환멸과 무관심을 심화시킨다. 이러한 문제는 선정된 일부 시민과 집단이 협의 활동(consultation)[15]을 한다고 해서 개선되는 문제가 아니다. 앞에서 보았듯, 그러한 활동들을 한다고 해서 시민들이 공동의 정책을 세우는 과정에서 다른 사람들의 요구사항과 관점을 더 받아들이고 적용하게 되는 것은 아니다. 오히려 그러한 활동들로 인해 시민들이 동료 시민들의 의견을 고려해야 한다는 의식을 전혀 갖지 못한 채로 정치를 순수하게 사적인 관심사를 추구하기 위한 수단으로 사용하거나 개인적인 신념을 발언하기 위한 수단으로 사용하는 것을 문제삼을 수 없게 된다.

시민권 교육을 통해 정치 참여에 대한 헌신을 다시 구축해내려는 시도는 3장에서 살펴보았듯 문제가 아예 없다고 할 수는 없으나, 그럼에도 더 희망적인 결론을 보여준다. 대체로 시민적 참여 혹은 비참여의 양상은 어린 나이에 형성된다. 연구에 따르면, 선거권을 갖게 된 첫번째 선거에서 투표에 참여하는지 여부는 이후 삶에 있어서 정치에 참여하게 될지 여부를 보여주는 좋은 척도가 된다고 한다. 그러므로 투표권이 부여되기 전에 더 많은 연소자들이 민주주의 정치에 대해 안내받고 관심을 가질 수 있게 된다면 상황은 더 나아질 것이다. 시민적 참여는 또한 더 많은 지역공동체에 권한을 이양하려는 시도를 통해서도 나아지는 경향이 있다. 지역공동체에서 공유되고 있는 가치나 공동의 목적이 훨씬 더 강한 경향이 있으며, 그와 더불어 공동의 계획에 참여하고자 하는 의지 역시 좀 더 확고한 경향이 있기 때문이다.

하지만 문제 해결에 있어 가장 큰 걸림돌은 아마도 점차 심화되는 사회경제적 불평등일 것이다. 우리가 살펴봤듯, 정치적 평등에 기반하여 공적인 해결책을 찾고자 하는 노력을 약화하는 것은 무엇보다도 부자들이 그들 스스로 공동의 협력체계로부터 빠져나갈 수 있는 능력을 갖고 있다는 점이다. 흔히 이 문제의 원인으로 세계화와 더불어, 시장원리가 주도권을 갖게 되는 현상—국경 바깥에서 재화를 생산하고 교환하는 것이 가능해지면서 기업들이 국가의 통제를 벗어나 활동하게 되면 불가피하게 발생하게 되는 현상—이 지목되곤 한다. 하지만 이러한 주장은 과장된 측면이 있다. 스칸디나비아 국가들이 보여주듯, 전통적으로 높은 수준을 유지해온 복지와 사회적 지출에 대한 약속을 유지하면서도 새로운 국제경제 환경에 적응하고 성공적으로 경쟁하는 것은 전적으로 가능하다. 그뿐만 아니라, 국가들은 유럽연합과 같은 지역 기구에서의 협력을 통해 세계적인 경제 절차와 과정들을 공동으로 규제할 수 있게 되었다.

논평가들은 왕성한 정치적 시민권의 행사를 점점 더 찾아

보기 어려워지는 것이 시민들 때문인지, 세계화와 같은 사회적 변화 때문인지, 아니면 정치인이나 정치구조 때문인지를 가지고 입장을 달리한다. 모든 요소가 어느 정도 책임을 갖고 있음에는 의심의 여지가 없다. 하지만 그렇다고 해서, 지금까지 살펴봤듯, 그것들이 손쓸 도리가 없을 정도로 문제가 있다거나 시민권의 이상을 불가능한 것 혹은 앞뒤가 맞지 않는 것으로 만들지는 않는다. 국민국가는 스스로도, 그리고 점점 더 협력을 통해서도 오늘날의 세계화되고 복잡한 사회의 경제적, 사회적, 문화적 문제들에 맞설 수 있는 능력을 유지하고 있다. 국민국가는 또한 지금까지도 민주주의 정치에 있어 가장 설득력 있고 실행 가능한 형태, 즉 서로 경쟁하는 정당들에 기초를 둔 대의민주주의 체제가 기능할 수 있는 매우 적합한 조건으로 여겨지고 있다.

무엇보다도, 공동의 삶을 함께 만들어나가는 동등한 시민들의 사회에 대한 매력은 여전히 강력하다. 시민권은 우리의 사회적 도덕성의 중심적인 특징들에 영향을 미치고 또한 그것들이 실행될 수 있게 한다. 시민권은 타인과 서로 교류하는 방식에 영향을 끼치는 우리의 전반적인 자아존중감의 밑바탕이 된다. 20세기 후반과 21세기 초의 주요한 도덕적 성취라고 할 수 있는 권리에 대한 헌신과 문화적 다양성에 대한 인정의 배경에도 시민권이 있다. 이러한 시민권의 효과들을 정치나 민주주의에 대한 참여와 분리하려는 시도들이 유행이 되었지만, 내가 이 책에서 보여주고자 했던 것은 그것이 가능하지 않다는 것이다. 시민권과 민주주의 정치는 함께 흥하고 함께 망한다. 이 두 가지를 분리하려는 시도는 정치적 시민권의 가능성을 약화하는 일일 뿐만 아니라 시민권이라는 개념 그 자체와 연관된 가치들을 훼손하는 일이다. 그러므로 시민권이라는 개념에 다시금 생명력을 불어넣는 일은 정치적 참여를 줄이는 것이 아니라 활성화하는 데 달려 있고, 그와 더불어 소속감과 시민권의 가장 주요한 혜택인 권리들에 대한 헌신에 달려 있다.

독서안내

시민권 전반 관련 도서

이 책의 주제를 더 깊이 있게 살펴보고 싶은 사람들을 위한 서적과 논문집들을 소개하고자 한다. 대부분은 시민권의 역사에 대한 논의와 현대 사회의 이슈에 대한 논의를 엮어낸 것들이다.

P. B. Clarke의 『시민권*Citizenship*』(Pluto Press, 1994)과 H. R. van Gunsteren의 『시민권의 이론: 동시대 민주정들에서 다원성을 조직하기*A Theory of Citizenship: Organising Plurality in Congemporary Democracies*』(Westview, 1998)〔시민권의 이론–동시대 민주정들에서 다원성을 조직하기』, 그린비, 2020〕는 2장에서 설명한 시민권의 그리스적 논의와 로마적 논의를 각각 현대 사회에 맞게 새롭게 설명하고자 한다.

J. M. Barlalet의 『시민권: 권리들, 투쟁, 그리고 계급 불평등*Citizenship: Rights, Struggle and Class Inequality*』(Open University Press, 1988), T. Janoski의 『시민권과 시민 사회*Citizenship and Civil Society*』(Cambridge University Press, 1998), 그리고 B. Turner의 『시민권과 자본주의: 개량주의에 대한 논의*Citizenship and Capitalism: The Debate over Reformism*』

(Unwin Hyman, 1986)〔『시민권과 자본주의』, 일신사, 1997(절판)〕는 역시 2장에서 논의되었던 사회학적 주제들을 서로 다른 방식으로 발전시켰다.

전반적인 영역을 모두 다뤄내고 있는 유용한 두 권의 논문집은 R. Beiner가 엮은 『시민권 이론화하기*Theorizing Citizenship*』(SUNY Press, 1995)와 E. F. Isin과 B. S. Turner가 엮은 『시민권 연구 안내서 *Handbook of citizenship Studies*』(Sage, 2003)이다.

제1장 시민권이란 무엇이며, 왜 중요한가

위에서 언급한 책들도 모두 1장에서 다뤘던 주제들을 다루고 있으며 근대적 조건에 부합하는 시민권의 정의를 찾아내기 위해 시도하고 있다.

D. Heater의 『시민권이란 무엇인가*What is Citizenship?*』(Polity, 1998)도 대부분 비슷한 주제를 다루고 있지만, 이 책에서 제시되었던 시민권 논의에 비해 덜 정치적이라는 점에서 많은 면에서 대조적이다. P. Norris가 엮은 『비판적 시민*Critical Citizens*』(Oxford University Press, 1999)은 세계의 주요한 민주주의 국가들에서 정치 참여 양상이 어떻게 바뀌어가고 있는지에 대한 유용한 논문 모음집이다.

제2장 시민권 이론과 그 역사

J. G. A. Pocock의 「그리스 로마 시대부터의 시민권의 이상The Ideal of Citizenship since Classical Times」이라는 글은 R. Beiner가 엮은 『시민권 이론화하기*Theorizing Citizenship*』(SUNY Press, 1995) 의 29-52페이지에서 찾아볼 수 있다. M. Walzer의 「시민권Citizenship」이라는 글은 T. Ball과 J. Farr, 그리고 R. L. Hanson가 엮은 『정치적 변혁과 개념적 변화*Political Innovation and Conceptual Change*』(Cambridge University Press, 1989)의 211-219페이지에서 찾아볼 수 있다. T. H. Marshall의 유명한 글은 『시민권과 사회 계급*CItizenship and Social Class*』(Cambridge University Press, 1950)〔시민권』, 나눔의집, 2014〕이라는 이름으로 출간된 바 있다.

D. Heater의 『시민권의 간략한 역사*A Brief History of Citizenship*』(Edinburgh University Press, 2004)와 P. Magnette의 『시민권: 개념의 역사*Citizenship: The History of an Idea*』(ECPR Press, 2005)는 모두 시민권이라는 개념에 대한 이해하기 쉬운 역사를 서술해놓은 책이다. 〈사회학Sociology〉 논문집 21호(1987년) 339-354페이지에 실린 M. Mann의 「지배 계급 전략과 시민권Ruling Strategies and Citizenship」이라는 글은 T. H. Marshall에 대한 영향력 있는 비판이며, D. Held의 『정치적 이론과 근대 국가*Political Theory and the Modern State*』(Polity, 1989)의 7장은 T. H. Marshall에 대한 옹호를 담고 있다. R. Bellamy

와 D. Castiglione, 그리고 E. Santoro가 엮은 『유럽 시민권의 계보: 11개 국가에서의 권리, 소속감, 시민권*Lineages of European Citizenship: Rights, Belonging and Citizenship in Eleven Nation-States*』(Palgrave, 2004)은 유럽을 배경으로 한 시민권의 발전을 다루고 있으며, 비교의 목적으로 미국의 시민권에 대한 챕터를 포함하고 있다. 미국 시민권에 대한 이야기는 J. N. Shklar의 『미국의 시민권: 포함되기 위한 요청*American Citizenship: The Quest for Inclusion*』(Harvard University Press, 1998)에서도 깊이 있게 다루고 있다.

제3장 성원권과 소속 여부

J. N. Shklar의 책 부제가 암시하듯, 성원권, 그리고 포함과 배제의 문제는 2장에서 나열되었던 역사적 논의에 있어 핵심적인 주제를 이룬다. 여성에게 시민으로서의 성원권이 주어진 것의 영향은 R. Lister의 『시민권: 여성주의적 관점*Citizenship: Feminist Perspectives*』(Palgrave, 2003)의 2판 그리고 B. Siim의 젠더와 시민권*Gender and Citizenship*』(Cambridge University Press, 2000)에서 다루고 있다. 다문화주의와 종족적 다양성에 대한 논의는 W. Kymlicka의 『다문화주의 시민권 *Multicultural Citizenship*』(Clarendon Press, 1995)〔『다문화주의 시민권』, 동명사, 2010〕과 W. Kymlicka와 W. Norman가 엮은 『다양한 사회들 안에서의 시민권*Citizenship in Diverse Societies*』(Oxford University Press, 2000)에서 찾아볼 수 있다. 민족성과 시민권 간의 관계는 D.

Miller의 『시민권과 민족 정체성*Citizenship and National Identity*』(Polity, 2000)에서 다루고 있으며, 이러한 관계가 이민자, 난민, 망명신청자들에 의해 어떻게 도전받고 있는지에 대해서는 R. Bauböck의 『초국가적 시민권: 국경을 넘나드는 이주에 있어서의 성원권과 권리*Transnational Citizenship: Membership and Rights in Transnational Migration*』(Edward Elgar, 1994), S. Castles와 A. Davidson의 『시민권과 이주: 세계화와 소속감의 정치*Citizenship and Migration: Globalisation and the Politics of Belonging*』(Palgrave, 2000), 그리고 S. Benhabib의 『타자의 권리: 외국인, 거류민, 그리고 시민*The Rights of Others: Aliens, Residents and Citizens*』(Cambridge University Press, 2004)[『타자의 권리 - 외국인, 거류민, 그리고 시민』, 철학과 현실사, 2008(절판)]에서 찾아볼 수 있다.

제4장 권리와 '권리를 가질 권리'

권리를 기반으로 하여 국가를 넘어선, 세계시민주의적 형태의 세계시민권을 발전시켜야 할 필요성에 대한 논의는 〈프락시스 인터내셔널Praxis International〉 12호(1992년)의 1-9페이지에 실려 있는 J. Habermas의 영향력 있는 글인 「시민권과 민족 정체성: 유럽의 미래에 대한 성찰Citizenship and National Identity: Some Reflections on the Future of Europe」에 유럽적인 맥락으로 상세히 서술되어 있다. 하버마스의 주장으로부터 부분적으로 영감을 받은 논쟁은 K. Hutchings

와 R. Dannreuther의 『세계주의적 시민권*Cosmopolitan Citizenship*』(Macmillan, 1999)에서 찾아볼 수 있다. L. Dobson의 『초국가주의 시민권*Supranational Citizenship*』(Manchester University Press, 2006) 역시 EU에서의 발전으로부터 영감을 받은 권리 중심의 논의를 제공한다. 이러한 논쟁들에 대한 전반적인 개관은 D. Heater의 『세계 시민권: 세계시민주의적 사고와 반대자들*World Citizenship: Cosmopolitan Thinking and Its Opponents*』(Continuum, 2002)에 소개되어 있다. 세계시민주의적 이상이 좀더 전반적으로 옹호되고 있는 책은 C. Beitz의 『정치 이론과 국제 관계*Political Theory and International Relations*』(Princeton University Press, 1999) 2판과 C. Jones의 『세계 정의: 세계시민주의에 대한 옹호*Global Justice: Defending Cosmopolitanism*』(Oxford Univeristy Press, 1999)이다.

국가 단위에서의 권리 중심적인 시민권과 권리들을 헌법에 새겨넣는 것의 중요성은 R. Dworkin의 『자유의 법: 미국 헌법을 도덕적으로 읽기*Freedom's Law: The Moral Reading of the American Constitution*』(Oxford University Press, 1996)〔『자유의 법, 미지북스, 2019〕에 실린 글들에서 아주 능숙하게 다루어지고 있다. 그의 주장은 J. Waldron의 『법과 의견 불일치*Law and Disagreement*』(Oxford University PRess, 1999)와 R. Bellamy의 『정치적 입헌주의: 민주주의의 합헌성에 대한 공화주의적 옹호*Political Constitutionalism: A Republican Defence of the*

Constitutionality of Democracy』(Cambridge University Press, 2007)에서 비판의 대상이 되고 있기도 하다.

제5장 참여와 민주주의

R. Dahl의 『민주주의와 그 비판자들*Democracy and Its Critics*』(Yale University Press, 1989)〔『민주주의와 그 비판자들, 문학과지성사, 1999〕과 A. Weale의 『민주주의*Democracy*』(Palgrave, 2007) 2판은 시민권에 있어 정치적 평등을 보장해주는 수단으로서 민주주의가 얼마나 중요한지를 강조해내며, 민주주의를 지지하고 반대하는 다양한 의견들을 개략적으로 탁월하게 설명하고 있다. C. Pattie와 P. Seyd, 그리고 P. Whiteley의 『영국의 시민권: 가치들, 참여, 그리고 민주주의*Citizenship in Britain: Values, Participation and Democracy*』(Cambridge University Press, 2004)은 영국에서의 정치적 참여의 양상이 어떻게 바뀌고 있는지를 주목하고 있으며, P. Norris의 『민주주의적 불사조: 정치적 행동주의의 재창조*Democratic Phoenix: Reinventing Political Activism*』(Cambridge University Press, 2002)와 R. Dalton의 『민주주의의 도전, 민주주의의 선택: 발전된 산업 민주주의하에서의 지지의 침식*Democratic Challenges, Democratic Choices: The Erosion of Support in Advanced Industrial Democracies*』(Oxford University Press, 2004)은 전 세계적인 참여를 살펴보고 있다. D. Held의 『민주주의와 세계 질서*Democracy and the Global Order*』(Polity, 1995)는 세계시민주의적 민주

주의를 옹호하고 있는 반면, A. Weale의 『유럽 연합에서의 민주주의적 시민권*Democratic Citizenship in the European Union*』(Manchester University Press, 2006)은 마치 R. Bellamy와 D. Castiglione, 그리고 J. Shaw가 쓴 『유럽 시민 만들기: 초국가적 맥락에서의 시민적 포함*Making European Citizens: Civic Inclusion in a Transnational Context*』(Palgrave, 2006)에서도 그런 것처럼 민주주의적 시민권을 오직 초국가적인 맥락에서만 바라보고 있다. C. Hay의 『우리는 왜 정치를 싫어하는가*Why We Hate Politics*』(Polity, 2007)〔『바보야! 문제는 정치야!!』, 한국외국어대학교출판부지식출판원, 2009〕는 요즘 정치에 덜 참여하게 되는 현상의 정도와 그 이유에 대해 다루고 있다.

주

1장

1 citizenship은 일반적으로 많이 쓰이는 번역어인 '시민권'으로 번역할 예정이나, 시민권(市民權)이라는 번역은 citizenship이라는 단어가 그 자체로 '권리'에 대한 의미를 갖고 있다는 오해를 불러일으킬 수 있다는 점을 지적하고 싶다. 우리나라 언어에 정확히 대응하는 언어가 없는 접미사인 '-ship'은 지위나 상태를 나타내는 접미사로, citizenship이 가리키는 정확한 의미는 '시민의 지위' 혹은 '시민의 신분'에 가깝다. 우리나라에서의 '시민권' 논의는 국적이나 권리의 문제로 협소하게 다루어지는 측면이 있으나, 실제 시민권(citizenship)'에 대한 논의들은 시민으로서의 의무, 공동체 의식 등 다양한 측면을 다루고 있음을 염두할 필요가 있다.

2 우리나라에서는 transnational citizenship을 초국가적 시민권이라고 번역하고 있는데, 여기서 '초(超)'의 의미는 국경을 넘나드는 것을 의미하는 것으로, 대표적으로 EU 시민권이 초국가적 시민권에 해당된다.

3 기업 시민권(corporate citizenship)에서 시민권(citizenship)은 권리보다도 시민으로서의 자격이라는 의미를 강하게 갖고 있다. 기업 시민권은 기업 역시도 하나의 시민과 같은 사회적 책임을 가진다는 인식을 반영하고 있는 단어로, 2018년 포스코에서 '기업 시민'을 새로운 경영 화두로 내세우기도 했다.

4 세계 시민권(global citizenship) 역시 기업 시민권과 마찬가지로 하나의 세계를 이루고 있는 일원으로서의 사회적 책임을 강조하는 개념이다. 최근 우리나라에서도 교육과정에 '세계시민교육'을 포함시킴으로써 현대사회에서의 세계 시민권을 강조하고 있다.

5 'membership'도 'citizenship'과 마찬가지로 정확히 대응되는 단어가 없는 접미사 '-ship'을 포함하고 있어, 여기에서는 성원권이라는 표현을 사용하고자 한다. membership은 구성원으로서의 자격뿐만 아니라 소속감, 구성원으로서의 의무 등 다양한 의미를 포함하는 개념이다.

6 예를 들어 시민을 '부모 모두가 시민인 자'로 정의한다 하더라도, 위의 조상들

로 거슬러올라가다보면 최초의 거주자나 창건자들에게는 그 조건을 적용할 수 없게 된다. 아리스토텔레스 역시 『정치학』에서 이와 같은 문제를 제기한 바 있다. (아리스토텔레스 『정치학』 제3권 제2장)

7 권리는 모든 개인에게 천부적으로 주어졌다고 여겨지지만, 실제로는 해당 권리를 보장하겠다는 집단적 결정의 산물인 헌정적 문서에 의거하여 그 내용을 실제로 집행하는 정부를 통해 권리가 보장된다. 버크는 이러한 점에서 자신의 권리는 인권이라기보다는 영국인의 권리라고 주장하는 편이 훨씬 더 현명하다고 주장한 바 있다.

8 한나 아렌트(Hannah Arendt)는 『전체주의의 기원』 중 '인권의 난제들'이라는 장에서 "인권의 근본적 박탈은 무엇보다 세상에서 거주할 수 있는 장소, 자신의 견해를 의미 있는 견해로, 행위를 효과적 행위로 만드는 그런 장소의 박탈로 표현되고 있다"며 권리를 상실한다는 것은 곧 어느 공동체에도 속하지 않는다는 것임을 강조한 바 있다. (한나 아렌트 『전체주의의 기원』 pp. 533-534)

9 집단적 가치 혹은 집합재는 "개인으로서는 이룰 수 없는 집단적 생산과 소비가 이루어지는 재화(good, 맥락에 따라 '가치'로 번역하였다)"를 의미하는 것으로서, "개인들은 혼자의 힘으로는 창출할 수 없는 집합재의 형성에 참여하기 위해 집단에 소속되고 집단에서 요구하는 규칙을 지켜나가며 그 대가로 집단적으로 생산된 재화를 사용할 수 있는 권한을 갖는다".(출처: 노상규 "집합재가 가상커뮤니티에 끼치는 영향") 일단 생산되면 구성원 모두가 혜택을 누릴 수 있어서 비경합성과 비배제성을 특징으로 갖는 공공재(public good)와 비슷한 속성을 공유하지만, 공공재에 비해 협력의 필요성이 보다 강조되는 개념이라 할 수 있다. good은 물건뿐만 아니라 가치도 포함하는 개념인데(말 그대로 '좋은 것'인데), 우리나라에서 집합'재'라고 하면 특정한 산물(product)만을 떠올릴 우려가 있으므로 맥락에 따라 집합적 가치 혹은 공공선으로 번역하기도 한다.)

2장

1 통치자(ruler)의 일반적인 번역은 '지배자'이나, 페팃(P. Pettit)과 스키너(Q. Skinner)를 비롯한 신공화주의자(neo-republican)들이 공화정에서 시민들이 누리는 자유를 '비지배적 자유(liberty as non-domination)'라 부르는 등

우리나라에서 '지배(domination)'라는 단어는 '시민' 혹은 '민주주의'와 거리가 있는 용어로 사용되기도 하므로 맥락에 따라 '통치자'라는 번역을 사용하기로 한다.

2 흔히 '정치적 동물'로 번역되곤 하는 politikon zoon은 더 정확히 말하자면, '폴리스를 형성하며 살아가기에 적합한 동물'을 뜻한다.(아리스토텔레스, 『정치학』, 길, 2017, p. 33) 이는 단순히 군집을 이루어 생활하는 것과는 차이가 있으며, '정치적'이라는 것은 '공동의 활동을 하며 살아가는 것'을 내포하고 있다.

3 아리스토텔레스가 이야기하는 집(oikos)은 오늘날의 핵가족과는 다르게, 가축과 노예를 포함한 가족 구성원의 가정생활과 수공업적 노동이 한군데에서 이루어지는 공간이었다. (아리스토텔레스, 『정치학』, 길, 2017, p. 37 참조)

4 아리스토텔레스는 또한 『정치학』에서 시민을 "숙고하고 판결하는 관직에 참여할 자격이 있는 자"로 정의하며, "시민은 판결과 관직에 참여한다는 것 이외의 다른 어떤 것에 의해서 정의되지 않는다"고 말한 바 있다.(아리스토텔레스 『정치학』 제3권 1장, pp. 178-181)

5 이는 500인회 혹은 보울레(boule)라고도 불리며, 평의회는 주로 민회의 업무를 조직하고 운영하는 업무와 함께 일상 행정업무를 담당했다. 평의회의 가장 중요한 업무는 민회에서 논의될 안건을 선정하는 것이었다고 한다.

6 이를 폴리테이아(Politeia)라고 부르며, 한국어로는 '혼합정'이라 번역된다. 폴리테이아는 흔히 '정치체제', '국가', '시민권', '행정권' 등을 의미하는 단어이지만, 아리스토텔레스는 이 단어를 『정치학』에서 자신이 염두에 두고 있는, 최선으로 가능할 수 있는 '이상적인 정치체제'를 의미하는 것으로 사용하기도 했다. (『정치학』, 길, 2017, p. 118 참고)

7 실제로 아리스토텔레스는 『정치학』 제7권 제4장에서 이상적 폴리스의 크기를 논하며, "시민들 각자는 다른 시민들이 어떤 종류의 사람인지를 알아야만 한다"면서, "한눈에 쉽게 전체를 살펴볼 수 있는 것이 인구의 가장 확장된 크기"라고 주장했다.

8 솔론은 시민을 4개의 계급으로 나누었다고 알려져 있다. 재산과 부에 따라 계급을 나누었다고 하며, 계층 상승을 허용했다고 한다. (『정치학』, 길, 2017, p.

169 참고)

9 『로마 공화정』(교유서가, 2015)에 따르면 "로마의 사회와 정치는 전통적으로 '신분 투쟁'이라고 알려진 일련의 위기를 통해 변형되었다." 또한 "파트리키로 알려진 특정한 대가문에 속하는 사람들은 귀족, 그렇지 않은 사람들은 플레브스로 분류되었는데, 플레브스가 '가난한 사람들'을, 파트리키가 '부유한 사람들'을 의미하는 것은 아니었다"는 구절에서도 볼 수 있듯, 여기서 언급된 class는 계급보다는 신분에 가까운 의미를 갖고 있다.

10 『로마 공화정』(교유서가, 2015)에 따르면 철수 투쟁의 내용은 다음과 같다. "기원전 494년에는 혈통 귀족이 빚을 진 평민을 다루는 것에 대한 이의가 제기되었다. 공화정이 동원하는 병력은 대부분 가난한 평민이었다. 그들은 군복무를 하는 동안, 생계의 근원인 농장을 유지하고자 노력했지만 많은 이들이 혈통 귀족들에게 빚을 지게 되었다. 그들은 빚 때문에 채권자들에게 혹사당하고, 심지어 노예로 전락하기까지 했다. 혈통 귀족들이 로마 정치를 장악하고 있었으므로, 평민들은 기존 체제 내에서는 도움을 받을 수가 없었고 결국 파업을 조직했다. 기원전 494년 군대가 소집되었을 때, 평민들은 소집에 응하지 않고 대신 로마 외곽에 모여 혈통 귀족들이 모종의 대표권을 줄 때까지 움직이기를 거부했다. 이것이 첫번째 '평민들의 철수'이다. 결국 물러설 수밖에 없었던 혈통 귀족들은 평민들만의 민회인 평민회를 소집할 수 있게 하고 평민의 권리를 보호해줄 대표자인 호민관을 선출할 권한을 주었다."

11 이는 각각 쿠리아 민회, 켄투리아 민회, 트리부스 민회이다.

12 서기 212년 카라칼라(Caracalla) 황제가 공포한 안토니누스 칙령은 로마제국에 거주하는 모든 사람들에게 로마 시민권을 부여한 것으로 유명하다. 다만 시민권에도 종류가 있었다고 하는데, 투표권을 포함한 완전한 시민권이 있는 반면, 투표권이 없는 시민권(위에서 언급되는 civitas sine suffragio)도 있었다고 한다.

13 사도행전 21장, 22장에 해당 내용이 나와 있다. 바울을 체포한 지휘관이 그를 고문하고 심문하기로 결심하여 사지를 가죽끈으로 묶어 채찍질할 준비를 했는데, 바울이 "공정한 재판도 없이 로마 시민을 고문할 수 있느냐"고 물었고, 지휘관은 그가 진짜 로마 시민인지를 확인한 후 로마 시민권자를 결박하고 하마터면 고문까지 할 뻔했다는 두려움을 느끼며 바로 바울의 결박을 풀어주었다. 이를 통해 바울이 로마의 시민이라는 지위로 누릴 수 있었던 법적 권리를

찾아볼 수 있다.

14 로크,『통치론』, 까치, 1996, 제7장 93절. p. 90.

15 우리나라에서 nation은 민족, 국민 둘 다로 번역된다. 민족주의 연구자인 야크(B. Yack)에 따르면, 민족(nation)의 정의는 공유된 유산(shared heritage)을 통해 공통된 정치적 정체성으로 엮여 있는 집단으로, 한 국가에 거주하는 사람 혹은 한 국가의 국적을 지닌 사람을 의미하는 '국민'에 비해 훨씬 더 하나의 정체성을 강조하는 개념이다. 그러므로 여기에서는 국민보다는 민족이라는 번역이 더 적절하나, 우리나라에서는 '소수민족'이라는 단어처럼 '민족'이 혈통, 종족 중심의 공동체를 떠올리게 하는 경우가 많으므로 오해를 방지하기 위해 맥락에 따라 '국민'으로 번역하기도 했다.

16 인민(people)과 국민(nation)은 비슷해 보이지만 서로 다른 의미를 갖고 있다. 캐노번(M. Canovan)에 따르면 인민이란 "정체를 형성하는 구성 권력을 지닌 주권자"로서 "정당한 정치적 권위의 유일한 원천"으로 여겨지는 집단을 뜻한다. 국민 혹은 민족(nation)은 하나의 정치적 정체성을 공유하는 집단을 의미한다. 민족자결주의(the principle of national self-determination)와 같은 주장에서 보듯, 인민과 민족은 밀접히 연관된 것으로 여겨져왔다. 하지만 야크가 지적하듯 인민과 민족 모두 '상상된 공동체'라는 점에서는 공통점을 갖지만, 민족은 공유된 유산을 중심으로 오랜 시간에 걸쳐 내려온 공동체를 떠올리게 하고, 인민은 정당한 권위의 원천으로서 시간에 구애받지 않고 특정한 공간에 걸쳐 있는 공동체를 떠올리게 하는 차이점이 있다. (Bernard Yack "Popular sovereignty and nationalism" 참고)

17 'ethnicity'는 특정 그룹이 공유하고 있는 인종, 혈통, 혹은 문화를 총체적으로 가리킨다. 여기에서는 맥락에 따라 '종족문화' 혹은 '종족성'으로 번역하고자 한다. 종족 집단(ethnic group), 에트노스(ethnos) 혹은 에트니(ethnie)라는 개념은 앤서니 스미스가 민족의 토대로서 제시한 것으로, 앤서니 스미스는『Ethnic Origin』에서 에트니의 특징으로 집합적 명칭, 혈통 신화의 공유, 역사의 공유, 연대감을 들었다고 한다. (『민족』, 교유서가, 2020, p. 33) 즉, 종족 집단은 '실제로 혹은 상상으로 친족과 문화를 공유하는 집단'이라 정의내릴 수 있으며, 우리가 일상적으로 사용하는 민족 개념(소수민족과 같은 용례에서 찾아볼 수 있듯)과 가깝다고 할 수 있다. 종족성을 구성하는 요소들은 민족적 감정(national sentiment)의 토대가 되기에 '종족 집단'과 '민족'은 때때로 일치하는 경우도 있지만 항상 그런 것은 아니다.

3장

1 대표적으로 미국의 오거스타 내셔널 골프 클럽은 백인 남성만 가입 가능했으며(지금은 흑인이나 여성도 가입할 수 있다고 하지만 여전히 주류는 백인 남성이라고 한다), 이러한 폐쇄성은 성별과 인종 차원에서 차별적이라는 비판을 받아 왔다.

2 막스 베버(Max Weber)는 『직업으로서의 정치』에서 정치를 자신의 직업으로 삼는 데에는 두 가지 방식이 있다면서, 그 하나는 정치를 '위해서'(live for) 사는 것이고, 다른 하나는 정치에 '의존해서'(live off) 사는 것이라고 주장한 바 있다. "직업으로서의 정치에 의존해서 사는 사람은 정치를 지속적 소득원으로 삼고자 하는 사람인 데 반해, 정치를 위해서 사는 사람인 경우에는 그렇지 않다"면서 "정치를 위해서 살고자 하는 자는 경제활동에 묶여 있어서는 안 된다"고 주장하기도 했다. (『직업으로서의 정치』, 나남출판, pp. 38-39)

3 노동당을 중심으로 투표 연령을 18세에서 16세로 낮추자는 의견이 있었으나, 2021년 8월 현재 영국의 선거 연령은 만 18세이고, 스코틀랜드 등 자치 지역의 경우에는 선거 연령이 16세인 경우도 있다. 2014년에 있었던 스코틀랜드 독립 국민투표에는 16세도 참여하였다.

4 당시 영국의 군대 내에서 장교와 사병 간의 갈등이 심각한 양상으로 치닫자, 크롬웰은 1647년 10월에 퍼트니 교회에서 군대의 기본방침을 정하기 위한 회의를 열었다. 퍼트니 회의의 핵심쟁점은 선거권 문제와 정치체제에 대한 문제였다고 알려져 있다.

5 『17세기 영국의 수평파운동』(민연, 2001)에 실려 있는 번역된 문장을 가져옴.

6 당시 수평파와 대립했던 당파 중의 하나로, 의회파 중에서도 보수적인 입장을 채택하고 있었다.

7 실업자가 복지 혜택을 받기 위해서는 일정한 근로를 하도록 해놓은 제도를 말한다.

8 이와 관련된 유명한 저서로는 캐롤 길리건(Carol Gilligan)의 『침묵에서 말하기로(In a Different Voice)』(심심, 2020)가 있다.

9 앞서 언급했듯, 여기서의 민족은 '같은 정치적 정체성을 공유하고 있는 집단'을 뜻하는 용어로서 혈통적, 문화적 속성이 두드러지는 종족(ethnic group)에 반해 훨씬 더 정치적 속성이 두드러지는 개념이다. 그러므로 민족성(nationality) 및 민족 형성(nation-building)이라는 단어들은 같은 정치적 공동체에 속해 있다는 감각과 관련된 것으로 이해해야 한다.

4장

1 나치 독일은 뉘른베르크법이라 불리는 제국시민법과 독일 혈통과 독일 명예 보호법 등을 통해 유대인의 시민권을 박탈함으로써 기존에 보장되던 권리를 누릴 수 있는 자격을 박탈한 바 있다. 한나 아렌트는 『전체주의의 기원』에서 권리와 관련된 문제를 일으키지 않기 위해 "유대인들을 강제 이송하기 전날이나 적어도 그 당일에 그들의 시민권을 박탈해야만 한다"고 주장한 나치의 극단적인 조심성을 언급하기도 했다. (『전체주의의 기원』, 한길사, 2006, p. 508)

2 미국에서 권리중심적인 민족정체성이 형성될 수 있었던 이유로, 공동의 정치적 정체성을 공유한 집단인 민족을 기반으로 국가가 형성된 다른 국가와 달리 미국은 국가가 먼저 세워지고 그로부터 민족이 형성되었기 때문이라는 설명이 있다. 이와 관련하여 마크 릴라는 종교적 자유에 동의하는 것만으로도 미국인으로 여겨졌던 역사를 가진 미국에서도 이민자들을 앵그로색슨 개신교 문화를 중심으로 동화하려는 시도가 있었지만 결국엔 성과가 미미했다면서 "다른 한편으로 동화도 융합도 완전히 성취되지 않으리라는 것을 거의 누구나 깨달았다. 이것은 좋은 일이었다. 새로운 이민자들은 미국이 완전한 문화적 동화를 요구하지 않기 때문에 자신과 미국을 강하게 동일시하고 미국 시민이 되는 것을 자랑스러워했다"고 이야기하기도 했다. (출처: 『더 나은 진보를 상상하라』, pp. 67-68) 하지만 최근 등장한 백인 민족주의(white nationalism) 담론, 즉 특정한 인종적, 문화적 동질성을 가진 집단이 정치공동체의 주인이 되어야 한다는 주장들을 살펴보다보면, 권리중심적인 민족정체성이 얼마나 취약할 수 있는지를 생각해볼 수 있다.

3 누스바움(M. Nussbaum)은 『세계시민주의 전통』(뿌리와이파리, 2020)에서 세계시민주의 전통을 탐구하기 위해 키니코스학파(흔히 견유학파로 알려져 있는)와 스토아학파를 살펴보는 데서 출발하며, 평등주의라는 공통의 전통을 기반으로 스토아주의자들이 세계시민의 이미지를 훨씬 더 완전하게 발전

시켰다고 주장하였다. 스토아주의자들은 모든 인간의 내면에 실용적 추론능력과 도덕적 이성의 가치가 존재한다고 보았으며, 인류 공동체가 우리의 가장 근본적인 도덕적, 사회적 의무의 원천이라 주장하였다. 누스바움에 따르면, 스토아학파는 세계국가 건설이라는 목표에 초점을 맞춘 바 없으며, 다만 도덕적, 사회적 세계에서 우리의 입지를 인식하는 특정한 태도, 즉 다른 무엇보다도 모든 인간에게 평등한 존중과 관심(equal respect and concern)을 보여야 함을 강조하였다. 누스바움은 이에 덧붙여, 이러한 평등주의는 가족, 친구 등 가깝다고 느끼는 사람들에 대한 감정적 애착과 거리를 둘 것을 권장하므로, 이러한 태도에는 "정의를 원하는 성향만 있을 뿐 정의를 성취하기 위한 긴급한 노력은 전혀 이루어지지 않는 문제가 있음"(p. 114)을 지적하기도 한다.

4 칸트(I. Kant)는 『영구 평화론』에서 다음과 같이 주장한 바 있다. "국제법의 이념은 독립해 있는 많은 이웃 국가들의 분립을 전제로 한다. 비록 이런 상태 자체가 이미 전시 상태에 있음을 나타낸다고 할지라도, 이 상태는 이성의 이념에서 보면, 다른 국가들을 압도해서 한 세계 왕국으로 나아가는 하나의 초강대국 아래로 여러 국가가 통합되는 것보다는 더 낫다. 왜냐하면 통치의 범위가 확대됨에 따라 법률은 점점 위력을 상실하고, 그리하여 혼을 잃은 전제정치는 선의 싹을 근절시킨 후에 결국 붕괴해서 무정부 상태로 귀착되기 때문이다. 그럼에도 불구하고 모든 국가와 (그 통치자들은) 가능하다면 전 세계를 통치할 수 있기를 열망하면서, 이런 방식으로 평화를 지속하고자 한다. 그러나 자연은 이와 달리 의도한다. 자연은 언어와 종교적 차이라는 두 가지 수단을 통해 민족별로 분리하고 그 민족들이 섞이는 것을 방지한다. 언어와 종교상의 차이는 상호 간의 증오와 전쟁 구실을 제공하는 경향을 띠지만, 문명의 진보와 인간의 대화합으로의 점진적 접근을 통해 결국 원리상 평화의 이해로 인도한다. 이 평화는 저 (자유의 무덤 속에서 행해지는) 전제주의처럼 모든 힘들의 약화에 의해서 초래되는 것이 아니라, 모든 힘들의 활기찬 경쟁 속에서의 균형에 의해 초래되고 보증되는 것이다." (『영구 평화론』, 서광사, 2008, pp. 55-56)

5 난민 위기를 거치며 유럽 국가들의 다양한 귀화 조건이 논란의 대상이 된 바 있다. 기존 시민들의 능력을 상회하는 기준을 요구하는 것 이외에도 다양한 조건들이 부당한 요건은 아닌지에 대해서 많은 토론이 이루어졌는데, 예를 들면 2018년 덴마크에서는 덴마크 시민이 되기 위해서는 반드시 이성과 악수를 할 수 있어야 한다는 조건을 덧붙여 이성과의 접촉을 금기시하는 이슬람교도를 차별한다는 의혹을 받음과 동시에 유럽 사회에서 살아가기 위한 기본적인

요건을 확인하는 것이라는 지지를 받기도 했다.

6 실제로 아렌트는 『전체주의의 기원』에 있는 '인권의 난제들'이라는 장에서 "인권의 상실에 함축된 역설은, 한 사람이 일반적인 인간이 되는 순간 — 직업도 없고 시민권도 없으며, 의견도 없고 그의 정체와 고유한 점을 알려줄 행위도 없는 — 그리고 그 자신만의 절대적으로 독특한 개성을 나타내면서 일반적으로 다르게 되는 순간 그런 상실이 일어난다는 것이다. 이 개성은, 하나의 공통된 세상 안에서 표현되고 그 위에서 행동할 수 있는 기회를 박탈당하면 모든 의미를 상실한다"며, "권리를 가질 수 있는 권리(right to have rights) 또는 인류에 속할 수 있는 모든 개인의 권리가 인류 자체로부터 보장받아야 한다"고 주장한 바 있다. 실제로 총 30개 조로 이루어진 세계인권선언 15조 역시도 모든 사람은 국적을 가질 권리를 가져야 함을 명시해놓고 있다.

5장

1 장 자크 루소, 『사회계약론』(후마니타스, 2018), III권 15장.

2 이사야 벌린(Isaiah Berlin)은 「The Pursuit of the Ideal」이라는 글에서 우리가 놓여 있는 다원적 현실을 설명하며 이 세상에는 합당하지만 양립 불가능한 다양한 가치, 이념, 주장 들이 존재할 수 있다고 주장한다. 예를 들어, 마키아벨리가 『군주론』에서 이야기하는 정치인으로서의 비르투와 기독교적 덕목은 둘 다 합당하게 추구될 만한 가치이지만, 두 가치를 동시에 좇을 수 없는 상황 역시 존재한다. 이를 인정하는 세계관 및 태도를 우리는 다원주의(Pluralism)라 부르며, 관용할 수 있는 다양성에 한계가 있다는 점에서 상대주의(Relativism)와 차이를 갖는다.

3 수호자(guardian)는 플라톤의 『국가』에서 지배계급을 뜻하는 말로, 플라톤은 『국가』의 2권 후반부에서 수호자를 어떻게 선발하고 길러낼 것인지를 논하고 있다. 또한 3권에서는 수호자들이 나머지 사람들을 안정적으로 다스리기 위해, 즉 그들의 지배를 정당한 것으로 만들기 위해 '고귀한 거짓말(noble lie)'이 필요하다고 주장한 것 역시 수호자와 관련하여 널리 알려진 내용이다.

4 "가장 훌륭한 사람들이 나라들과의 관계에 있어서 처하여 있는 처지는 아주 어려운 것이어서, 그와 같은 처지는 그것 말고는 하나도 더 없다네. 그러나 그 처지의 비유와 그들을 위한 변론은 여러 가지 것에서 모아서 해야만 하네. 이

를테면 화가들이 '염소 사슴'이나 이런 유의 것들을 혼성해서 그리듯 말일세. 가령 여러 선박에서든 또는 한 선박에서든 이런 사태가 벌어진다고 생각해보게나. 선주가 덩치나 힘에 있어서는 그 배에 탄 모든 사람들보다 우월하지만, 약간 귀가 멀고 눈도 마찬가지로 근시인데다 항해와 관련된 다른 것들에 대해 아는 것도 그만하이. 한데, 선원들은 키의 조종과 관련해서 서로 다투고 있네. 저마나 자기가 키를 조종해야만 한다고 생각해서지. 아무도 일찍이 그 기술을 배운 적도 없고, 자신의 선생을 내세우지도 못하며, 자신이 그걸 습득한 시기도 제시하지 못하면서 말일세. 게다가 이들은 그 기술이 가르칠 수도 없는 것이라고 주장하며, 누군가 그걸 가르칠 수 있는 것이라고 말하기라도 하면, 그를 박살낼 태세가 되어 있다네. 그러면서도 이들은 언제나 이 선주를 에워싸고서는 자신들에게 키를 맡겨주도록 요구하며 온갖 짓을 다 하네. 그리고 때로 자신들은 설득에 실패하고 오히려 다른 사람들이 설득에 성공하게라도 되면, 그들을 죽여버리거나 배 밖으로 던져버리기나 하네. 그러고선 점잖은 선주를 최면제나 술 취함 또는 그 밖에 다른 것으로써 옴짝달싹 못하게 한 다음, 배 안에 있는 것들을 이용해서 배를 지휘하네. 또한 술을 마시며 잔치를 벌이면서, 으레 그런 사람들이 할 법한 식으로 항해를 하네. 게다가 이들은 자신들이 선주를 설득해서든 강제해서든 지휘할 수 있도록 도와주는 데 능란한 사람을 항해술에 능하며 조타술에 능한 사람 그리고 배와 관련된 것들을 아는 사람으로 부르며 칭찬하지만, 그렇지 못한 사람은 쓸모없는 사람으로 비난하네. 이들은 참된 키잡이와 관련해서 이런 사실을 알지도 못하네. 즉 그가 참으로 배를 지휘하기에 적절한 사람이 되려면, 한 해와 계절들, 하늘과 별들, 바람들 그리고 그 기술에 합당한 온갖 것에 대해 마음을 쓰는 게 그에게 있어 필연적인 것이라는 걸 말일세. 그래서, 남들이 원하건 원하지 않건 간에, 키를 어떻게 조종할 것인지에 대한 기술적 지식을 가질 수 있다거나 수업을 받음과 함께 조타술을 습득게 될 수 있다는 생각을 이들은 하지 못하네. 이런 일들이 배에서 일어나고 있다면, 정작 조타술에 능한 사람은 이런 상태에 있는 배를 탄 선원들한테서 영락없는 천재 관측자나 수다쟁이로, 그리고 자신들에게는 쓸모없는 사람으로 불릴 것이라 자네는 생각지 않는가?" (플라톤, 『국가』, 서광사, 2005, pp. 393-394) (플라톤 국가에는 captain과 sailor라고 나오는데, 저자는 captain과 passenger라고 쓴다.)

5 자연과학은 흔히 경성과학(hard science), 사회과학은 연성과학(soft science)라 불린다.

6 북아일랜드의 유혈 분쟁을 봉합하는 데 기여했다고 알려져 있는 벨파스트 협정 내용에 따르면, 북아일랜드 자치의회는 주요한 결정을 내림에 있어 교차공

동체투표(cross-community voting)를 시행함으로써 의회 내 연합주의 세력(unionist)과 민족주의 세력(nationalist) 모두 어느 정도의 인원이 찬성해야만 안건이 가결될 수 있도록 했으며, 행정부에도 총리(first minister)와 부총리(deputy first minister)를 둠으로써 연합주의 세력과 민족주의 세력이 반드시 연정을 이뤄 주요한 결정을 내리도록 규정하였다.

7 1974년에는 총선을 두 번 치렀다.

8 풍력<원자력, 석탄<풍력인 경우에 석탄<원자력이어야 원자력이 다른 모든 선택지에 비해 특별히 선호되는 선택지라는 결론을 내릴 수 있으나 원자력<석탄이므로 사회적 선호도가 순환에 빠지게 된다.

9 이는 1774년에 있었던 유명한 연설로, 유권자들이 선출한 의원은 브리스틀의 일원이 아니라 영국 의회의 일원이어야 한다, 즉 지역 유권자들의 주장을 언제나 그대로 의회에 전달할 수는 없으며 대표는 국가적 이익이 무엇인지 숙고해야 할 책임이 있다는 내용을 담고 있다.

10 갤브레이스(J. K. Galbraith)가 이러한 집단에 대해 서술한 『The Culture of Contentment』는 우리나라에서 『만족의 문화』(동아일보사, 1993)로 번역되어 있다.

11 벨기에에는 전국 정당이 존재하지 않으며, 이와 관련하여 참고한 기사에 따르면 "벨기에에서는 언어권별로 의석이 배분되는 구조에 따라 적게는 4~5개, 많게는 6~7개의 정당이 연정을 구성할 수밖에 없어 총선 후 매번 정부 출범에 어려움을 겪는다"고 한다. 기사에 따르면, "특히 2010년 총선에서는 새플레미시연대(N-VA)가 27석을 차지하며 1당이 됐지만, 벨기에의 분열을 우려한 다른 주요 정당들이 연정 참여를 거부함에 따라 18개월간 연정을 구성하지 못해 무정부 상태가 이어지기도 했다". 출처: https://www.yna.co.kr/view/AKR20190527004151098

12 영국과 오스트레일리아 등에서 운영하고 있는 제도로서, 1970년대 중반경 미국의 비영리기구인 제퍼슨센터(Jefferson Center)가 고안한 사회적 합의형성을 위한 시민참여의 구조화된 프로그램을 의미한다. 한국에서 운영한 공론화위원회도 시민배심원제의 일환이라고 할 수 있다. a method of deliberation developed by the Jefferson Center where a small group of people (between 12 and 24), representative of the demographics of a given

area, come together to deliberate on an issue (generally one clearly framed question), over the period of 2 to 7 days. (호주 자료 https://www.newdemocracy.com.au/what-is-a-citizens-jury/)

13 시장조사나 여론조사를 위해 각 계층을 대표하도록 뽑은 소수의 사람들로 이뤄진 그룹을 뜻한다.

14 우리나라에서도 이자율 결정은 한국은행 산하의 금융통화위원회가, 최저임금에 대한 결정은 최저임금위원회가, 다양한 분쟁 중재는 법원이 맡아 수행하고 있다.

15 영국에서는 국민 의견 수렴과 사회적 합의를 도출하기 위한 구체적 절차로서 2008년 11월에 "협의에 관한 실시 지침(Code of Practice on Consultation)"을 제정하여 시행한 바 있다. 이러한 협의 제도는 영국에서 정책결정과정의 투명성을 도모함과 아울러 이해관계자를 필두로 폭넓은 국민에게 정책결정과정에 참가할 기회를 부여하기 위한 제도를 실효적으로 실시하기 위해 도입되었다. (출처: 박영도, 「국민 참여와 사회적 협의에 의한 법령입안 및 정비방안」)

역자 후기

2020년 이전을 B.C.(Before Corona)라고 불러야 한다는 이야기가 나올 정도로, 코로나를 계기로 상식처럼 여겨왔던 많은 것들이 바뀌었다. 이 책에서 다루고 있는 시민권도 그중 하나다. 코로나가 확산되던 초기에 인터넷에서 떠돌던 밈(meme) 중에는 똑같이 소파에 누워 자고 있는 사람의 사진 위에 각각 "2019: 게으름뱅이(Lazy Bastard)", "2020: 책임감 있는 시민(Responsible Citizen)"이라고 적혀 있는 것이 있었다. 격리가 일상이 되면서 이제는 밖에서 사람을 만나지 않고 오로지 집에 머무는 것이 훌륭한 시민의 덕목이 되었다는 것을 우스개로 표현한 것이다.

이뿐만이 아니다. 시민혁명을 통해 스스로 권리를 쟁취한 역사 위에서 선진적인 사회적 신뢰와 연대를 보여준다고 여겨졌던 유럽에서는 사회적 거리두기를 받아들이지 못하는 사람들로 인해 감염자 수가 폭증하여 락다운이 실시되고, 방역과 안전을 위해 어느 정도 필요하다고 여겨졌던 마스크 착용과 백신 접종에 격렬히 반대하는 시위도 제법 일어나면서 놀라움을 안겼다. 한편, 몇십 년 전까지만 하더라도 서구에 내보이기 부끄러운 존재로 여겨졌던 "어글리 코리안"들은 방역 정책에 적극적으로 협조하는 훌륭한 시민으로 변모해 세계 시민 앞에 당당한 모습을 내보였다. 동아시아의 독특한 시민 사회를 묘사한 책인 『쌀 재난 국가』에서 언급하듯 모두가 이런 질문을 던질 수밖에 없었다. "서구의 시민 의식은 어디로 갔고(사라졌고), 동아시아의 시민 의식은 어디서 (갑자기) 왔는가?"*

이러한 개념적 혼란 속에서 우리는 다시 시민에 대해 묻는다. 시민이란 무엇인가? 시민의식이란 무엇인가? 좋은 시민이 갖춰야 할 덕목은 무엇인가? 좋은 인간이 곧 좋은 시민인가? 좋은 시민은 어떻게 양성되는가? 시민권을 그것을 구성하는 세 가지 요소를 통해 풀어내는 벨러미 교수의 간명한 설명은 시민권을 둘러싼 복잡한 고민들을 이어나가는 데 있어 아주 좋은 안내서가 되어준다.

벨러미 교수는 시민권은 세 가지 구성요소, 즉 성원권과 권리, 참여로 이루어져 있으며 각 요소들은 서로 밀접하게 연관되어 있다고 설명한다. 첫째, 성원권은 시민권의 경계에 대한 이야기이다. 시민권이 작동하기 위해서는 확정적이지는 않더라도 특정한 경계가 필요하고, 그러한 경계는 공동체 구성원 간의 협력을 위해 필수적인 신뢰와 연대를 피어나게 하는 공통의 정체성이 형성되는 것을 가능하게 한다. 둘째, 권리는 시민권의 내용에 대한 이야기이다. 다양한 권리들이 존재할 때만 사람들은 특정한 공동체에서 동등한 배려와 존중(equal concern and respect)을 받는 구성원으로서 살아갈 수 있고, 동시에 그러한 권리가 무엇이 되어야 할지를 결정할 수 있게 된다. 셋째, 참여는 시민권을 존속 가능하게 하는 조건에 대한 이야기이다. 참여를 통해서만 모든 구성원을 동등하게 대우할 수 있는 권리를 보장할 수 있고, 협력적인 결정을 함께 내리고 수행하는 공동체가 유지될 수 있다.

그리고 이러한 세 가지 요소는 모두 '시민적 평등', 즉 '함께 살아가야 하는 우리가 어떻게 서로를 동등한 존엄한 존재로서 대할 수 있을까'라는 질문 위에서만 제대로 이해되고 답해질 수 있다. 이러한 전제조건을 계속해서 상기하지 않는다면, 성원권은 국민이 아닌 자를 구분해내어 차별하고 배제하는 데 동원될 것이고, 권리나 참여는 공동체를 고려하지 않는 자기중심적인 요구를 지속적으로 관철하고자 하는 행위를 정당화하는 데 활용될 것이다. 패트릭 J. 드닌이 "(사적인 개인을 양

산하는 자유주의는) 공적인 것보다 사적인 것을, 시민 정신보다 자기이익을, 공동선보다 개인들의 의견 취합을 끊임없이 강조함으로써 시민권의 퇴화를 불러온다"**고 말했듯, 공동체를 위해 고안된 시민권이라는 개념이 오로지 원자화된 자기중심적 개인만을 위해 사용될 때 시민권은 후퇴할 수밖에 없다.

벨러미 교수가 강조하듯, 시민권은 무엇보다도 정치적이어야 한다. 아리스토텔레스가 모든 인간은 정치적인 존재, 즉 폴리스를 이루며 살아갈 수 있는 존재라고 이야기한 것처럼, 시민권을 고민하는 데 있어 우리가 발 딛고 있는 곳은 모두를 동등한 존엄한 존재로 여기겠다는 약속에 동참한 구성원들과 함께 이뤄낸 공동체임을 잊어서는 안 된다. 나와 마찬가지로 존엄한 다른 이들과 더불어 살아나갈 때, 나만 소중한 것이 아니라 '우리'를 소중히 여기고 돌볼 때, 나만이 아니라 '우리'를 위해 기꺼이 고민하고 노력할 때 우리는 비로소 시민이 된다.

이런 점에서 한국 사회는 여러 가지 면에서 우려스럽다. '공정'이라는 그럴듯한 이름을 뒤집어쓴 한국의 생존주의 담론, 즉 '일단 내가 먹고살아야 한다'는 담론 속에서 공동체를 돌보는 건전한 시민이 탄생하기란 거의 불가능한 일처럼 보인다. "자신의 이해관계를 앞세우고, 타인의 생존 기반이 흔들려도 나의 보상이 우선이며, 협력보다 경쟁 원리로 사회를 운영해야 한다"***고 주장하는 각자도생 한국 사회에서 청소년들은 승자로서 패자를 멸시하는 감각과 도태되면 죽는다는 공포를 학습한다.

고등학교에 처음 교사로 부임할 때부터 교육의 진정한 역할은 시민을 양성하는 데 있다고 믿어왔다. 좋은 대학에 입학하기 위해서라면 모든 것이 용인되는, '다들 그렇게 산다'는 천박한 목소리들이 파도처럼 밀려드는 한국 사회는 시민을 길러내기에 너무나도 척박한 환경이었지만, 그 와중에도 공동체에 단단히 발을 딛고서 시민의 역할과 의무를 고민하고 또 실천하는 빛나는 학생들이 있었다. 그리고 그럼에도 불구하고 내가 속한 한국이라는 공동체를 사랑할 수밖에 없게 만드는 훌륭한 동료 시민들이 있었다. 사랑하는 동료 시민들과 또다른 어딘가에서도 자라나고 있을 미래의 시민들에게 조금이나마 도움이 되는 책이 되기를 바란다.

---

* 『쌀, 재난, 국가』, 이철승, 문학과지성사, 2021

** 『왜 자유주의는 실패했는가』, 패트릭 J. 드닌, 책과함께, 2019, p. 217

*** https://www.sisain.co.kr/news/articleView.html?idxno=46720

더 읽을거리

시민권과 관련하여 추천하고자 하는 도서 목록은 아래와 같다.

『공화주의』(인간사랑, 2006)

마키아벨리와 루소 연구자로 유명한 모리치오 비롤리의 책으로, 공적인 것(the public)과 진정한 자유란 무엇인지에 초점을 두어 공화주의라는 이념을 설명하고 있다. 다양한 가치들을 내포하고 있어 한마디로 정의하기 어려운 공화주의를 다른 유사한 이념들과 비교해 어떻게 이해해야 하는지를 친절히 설명해주는 안내서이다.

『왜 자유주의는 실패했는가』(책과함께, 2019)

자유주의는 이미 '실패했다'고 제목에서부터 선언하며 사적 개인에 초점을 맞추는 자유주의는 시민성 없는 시민들을 배태할 수밖에 없다는 신랄한 통찰을 담은 책으로, 시민에 전제되어야 하는 공적 속성이 무엇인지를 고민하게 하는 책이다. 특히 7장의 제목은 '시민권의 퇴화'로, 사적인 개인들이 누리는 자유로는 민주주의를 절대 존속시켜나갈 수 없음을 잘 보여주고 있기도 하다.

『시민권의 이론』(그린비, 2020)

신공화주의 이론가인 헤르만 R. 판 휜스테런의 책으로, 시민권을 해석하는 데 있어 공화주의적 전통을 계승하되 현대에 그대로 적용할 수 없는 개념들을 새롭게 조직해내고자 한다. 특히 운명공동체 안에서 서로 연결되어 있음을 깨달은 사람들 사이에 존재하는 '다원성'에 주목하여 시민권을 새롭게 설명해낸다.

『민족』(교유서가, 2020)

베네딕트 앤더슨의 『상상의 공동체』로 인해 민족(nation)은 근대의 발명품이라는 인식이 대중적이나, 아자 가트는 이 책에서 민족은 훨씬 오래전부터 우리의 삶과 정치에 영향을 끼쳐왔음을 방대한 분량을 통해 설명해내고 있다. 우리나라에서는 혈통적 느낌이 강하게 내포되어 있는 민족이라는 개념이 실제로는 유사한 여타 개념들과 비교하여 어떻게 사용되는지를 이해하기에 좋은 책이다.

『세계시민주의 전통』(뿌리와이파리, 2020)

『나라를 사랑한다는 것』이라는 책을 통해 세계시민주의에 대한 다양한 비판에 대한 응답을 보냈던 세계시민주의자 마사 너스바움의 책으로, '고귀하지만 결함 있는 이상'이라는 부제에서 확인할 수 있듯 세계시민주의가 갖고 있는 고귀한 이상과 더불어 작동에 있어서의 결함까지 동시에 담아낸 책이다. 특히 가까운 사람들에게 갖는 애착과 소속감의 중요성이 언급된 부분이 시민권의 속성 중 하나인 성원권을 이해하는 데 도움이 된다.

『전체주의의 기원』(한길사, 2006)

한나 아렌트의 유명한 저작으로, 이 책 중 제2부의 제9장 '국민국가의 몰락과 인권의 종말'을 통해 특히 시민의 권리라는 것이 국민국가 없이 얼마나 취약할 수 있는지를 깊이 있게 이해해볼 수 있다. 무국적자로서의 아렌트의 개인적 경험과 당대의 시대적 배경이 풍부하게 담겨 있어, 시민권이 '권리를 가질 수 있는 권리'라고 표현될 수 있는 배경을 깊이 있게 들여다볼 수 있다.

『더 나은 진보를 상상하라』(필로소픽, 2018)

트럼프 당선 직후 뉴욕타임스에 게재되어 큰 논란을 불러일으켰던 마크 릴라의 「정체성 정치의 종말」이라는 칼럼이 바탕이 된 책으로, 마크 릴라는 이 책을 통해 정체성 정치에 지나치게 경도된 민주당의 패착을 지적하며 어느 때보다도 '시민됨'의 가치를 강조해야 한다고 주장하고 있다. 현대 사회의 극심한 사회 분열의 원인과 해결책을 고민하는 데 있어 참고해볼 만한 책이다.

『쌀 재난 국가』(문학과지성사, 2021)

한국적 불평등에 관심을 갖고 연구를 이어온 이철승 교수의 책으로,

한국 사회가 보여주는 다양한 특징들을 '벼농사 체제'라는 독특한 원인으로 설명해내는 흥미로운 책이다. 코로나 팬데믹 때 한국인들은 어떻게 효율적인 집단 방역에 성공했을까? 한국인들은 평등을 원하면서도 왜 이렇게 남과 서로 비교하고 질시할까? 이런 질문들에 대한 흥미로운 답을 제시하는 책으로, 한국 사회의 시민성을 고민하기에 좋은 책이다.

도판 목록

시민권

CITIZENSHIP

초판 1쇄 인쇄 2023년 5월 22일
초판 1쇄 발행 2023년 6월 1일

지은이 리처드 벨러미
옮긴이 황소희

편집 황도옥 이원주 이희연 김윤하
디자인 강혜림
저작권 박지영 형소진 최은진 오서영
마케팅 김선진 배희주
브랜딩 함유지 함근아 김희숙 고보미 박민재 정승민 배진성
제작 강신은 김동욱 임현식
제작처 한영문화사(인쇄) 한영제책사(제본)

펴낸곳 (주)교유당 **펴낸이** 신정민
출판등록 2019년 5월 24일 제406-2019-000052호
주소 10881 경기도 파주시 회동길 210
전자우편 gyoyudang@munhak.com
문의전화 031) 955-8891(마케팅)
031) 955-2680(편집)
031) 955-8855(팩스)

페이스북 @gyoyubooks
트위터 @gyoyu_books **인스타그램** @gyoyu_books

ISBN 979-11-92968-10-0 03300